公司人格否认制度 在税法中的适用研究

GONGSI RENGE FOUREN ZHIDU ZAI SHUIFA ZHONG DE SHIYONG YANJIU

——基于反避税规则体系完善的视角

吴俊彦 ◎著

吉林大学出版社

·长春·

图书在版编目（CIP）数据

公司人格否认制度在税法中的适用研究：基于反避税规则体系完善的视角 / 吴俊彦著. -- 长春：吉林大学出版社，2021.10
ISBN 978-7-5692-9246-6

Ⅰ. ①公… Ⅱ. ①吴… Ⅲ. ①公司法－研究－中国 Ⅳ. ①D922.291.914

中国版本图书馆CIP数据核字(2021)第219793号

书　　名　公司人格否认制度在税法中的适用研究
　　　　　——基于反避税规则体系完善的视角
　　　　　GONGSI RENGE FOUREN ZHIDU ZAI SHUIFA ZHONG DE SHIYONG YANJIU
　　　　　——JIYU FANBISHUI GUIZE TIXI WANSHAN DE SHIJIAO

作　　者　吴俊彦 著
策划编辑　李承章
责任编辑　闫竞文
责任校对　付晶淼
装帧设计　一鸣文化
出版发行　吉林大学出版社
社　　址　长春市人民大街4059号
邮政编码　130021
发行电话　0431-89580028/29/21
网　　址　http://www.jlup.com.cn
电子邮箱　jldxcbs@sina.com
印　　刷　广东虎彩云印刷有限公司
开　　本　880mm×1230mm　1/32
印　　张　7.5
字　　数　160千字
版　　次　2021年10月　第1版
印　　次　2021年10月　第1次
书　　号　ISBN 978-7-5692-9246-6
定　　价　58.00元

摘　要

　　我国2005年《公司法》以成文法的形式将公司人格否认制度引入并规定于第20条第三款之中，其目的在于遏制股东滥用公司独立人格和有限责任损害债权人利益的行为。目前，该制度在涉及公司的合同纠纷、侵权纠纷、劳动纠纷等方面的适用研究较多，形成的研究成果也比较丰富，但在税法领域的适用研究则处于起步阶段。实践中滥用公司独立人格和有限责任逃避税收的行为日渐增多，现实税法环境为制止各类逃避税收行为对公司人格否认制度引入的呼吁与理论上有关该制度在税法中研究的缺失形成了极大的反差。于此，本书立足于公司法和税法这两大理论基点，对公司人格否认制度在税法领域的适用问题进行深入研究。

　　近年来，随着国际国内商业活动的发展，企业为追求自身利益的最大化，采取了各种逃避税收行为以降低企业税收成本，提高企业整体利润，给国家的税收利益造成极大损害。2008年开始实施的《中华人民共和国企业所得税法》（以后简称《企业所得税法》）对原有的反避税法律制度进行了补充和完善，形成了包括完善转让定价、防止资本弱化、防范避税港避税、规范成本分摊协议和一般反避税条款等在内的具有适应范围广、规范程度深等特征的反避税制度体系。另外，实质课税原则旨在"形式与实质"不一致的情形下，注重对真正内在经济实质关系的把握，能有效地制止和防范各类税收逃避行为，是税法中一项重要的反避税原则。

公司人格否认制度是公司法上的一项制度，将一项公司法制度引入到税法领域，其引入的必要性问题是本书首先必须解决的问题，即若税法既有的反避税规则和原则足以应对滥用公司人格逃避税收的行为，则无须寻求公司法上的制度支持，公司人格否认在税法中的适用也就无从谈起。因此，对税法既有的反避税规则和原则进行深入分析就变得非常重要。本书在肯定税法中引入公司法人格否认具有必要性的基础之上，深入讨论公司法人格否认在税法中的适用性问题，包括适用的制度逻辑、适用的范围以及相关制度保障性问题。基于上述思路，本书的结构安排如下：

第一部分为导论。在导论中，综述了既有的研究视角和研究成果，阐述本书研究的背景、内容、意义、方法和路线，并对本书的创新点进行了归纳。本书的主要目的是通过公司人格否认适用于税法的必要性、适用的制度逻辑、适用范围和适用过程中相关制度保障性问题进行逐一研究，试图将公司人格否认制度纳入反避税规则体系之中，以遏制滥用公司人格和有限责任的逃税行为，从而弥补税法中反避税规则和原则的不足。

第二部分探讨实质课税原则在反避税中的适用及其局限性。本章从实质课税原则的内涵和理论基础出发，讨论实质课税原则的功能定位、具体适用及其局限性，为公司人格否认在税法领域的适用奠定必要性基础。实质课税原则的功能主要体现在税法学构建、税法解释和税收事实认定三个方面。在税法解释方面主要体现为，按照税法立法之目的进行解释从而把握经济实质关系，以弥补税法的漏洞，达到规制各种逃避税收行为之目的。在事实认定方面主要体现为，旨在通过重新构建与经济实质行为相当的法律形式，再适用税法之法律规范。然而，对于滥用公司人格和有限责任逃避税收的行为，其目的并非利用法律漏洞以逃避税法，无论对实质课税原则作目的性缩小解释或目的性扩大解释，或重新事实认定，均不能涵盖其内容。因此，本章的观点是，实质课税原则在滥用公司人格和有限责任逃避税收的情形时是无能为力的，将公司人格否认制度引入到税法中具有必要性。

第三部分探讨公司人格否认制度在税法领域的适用性。本章从两个方面讨论公司人格否认于税法领域的适用性问题：一是基于滥用公司人格逃避税收行为与税收规避的差异性。滥用公司人格逃避税收行为与税收规避在税收债务是否成立、行为表现、行为性质、法律关系构成、行为的结果五个方面存在差异。因此滥用公司人格逃避税收的行为不能称之为税收规避行为，将滥用公司人格逃避税收的行为纳入税收规避的法律规制中，其观点是不成立的。二是基于公司人格否认与税法中反避税规则的功能协同。一方面，我国《企业所得税法》在借鉴国际反避税制度的基础之上，形成了较为全面的反避税制度体系。具体来说，除一般反避税条款之外的每一项反避税规则都是针对企业所实施的某一项避税安排而有针对性地进行规制和打击，其规制行为的特定性和专一性决定了这些反避税规则对滥用公司人格和有限责任的逃税行为的无能为力。另一方面，一般反避税条款作为一项兜底性条款，具有适用范围广的特点。通过对一般反避税条款的功能和"不具有合理商业目的""实质重于形式"双重认定标准进行分析，认为一般反避税条款与公司人格否认制度所规制的内容在一定程度上存在交叉和重叠，如通过设立目标公司进行股权转移的情形，但对其他的滥用公司人格和有限责任逃避税收行为则无所适从。现实生活中，滥用公司人格和有限责任逃避税收的行为呈现出普遍发展之势，基于现实规制需要的，本章认为，公司人格否认应成为反避税规则之一，以弥补税法中反避税制度的不足。

第四部分探讨公司人格否认制度适用于税法领域的制度逻辑。公司人格否认于税法领域的适用应以诚实信用原则和税收债权法律关系作为理论基础。我国立法及司法实务中认为违反诚实信用原则是导致公司人格被否认的基础原因。股东承担连带责任的理论依据在于股东负有诚实信用义务，税收债权的行使及税收债务的履行与私法上债权的行使与债务的履行并无差异，根据同等情况同等对待的公平法理，相同性质的法律关系必须服从同一法理，故"税收之债"的履行应当遵守诚实信用原则。其次，关于税收法律关系性质的争论一直不断，本书认为，税收法律关系是公法上的一种债权债务关系，其不承认国家及其授权机关享有优越于国民的权力，而是强调两者之间平等的地位关系。于此，"税收之债"被提出，从基本特征来看，"税收之债"与"私法之债"在产生、主体、内容以及履行方式等方面相同。"税收之债"与"私法之债"的契合为公司人格否认适用于税法奠定了基础。

第五部分探讨公司人格否认制度在税法领域适用的标准与类型。目前，我国对公司人格否认制度在税法领域的适用范围研究比较少，所形成的有代表性的观点也较少。其中，最具代表性的观点是在税法中适用公司人格否认的场合主要有两个，即利用公司规避税收义务的场合和公司人格形骸化的场合。本书通过对滥用公司人格逃避税收行为的多种情形的分析和归纳，认为公司人格否认适用于税法主要有三种情形，即利用法人登记、人格混同、公司形骸化。另外，本章通过寻找案例分别对股权交易、人格混同、空壳公司三种基本情形进行类型化分析，并对税法中公司人格否认扩张适用的情形进行尝试性探讨，总结出各类型适用时所需考虑的要件，为该项制度的在税法领域的具体适用提供指引。

第六部分探讨税法中适用公司人格否认制度的制度保障。当存在通过公司人格否认制度来规制滥用人格逃避税收行为时，在实体性法律规则已经建立之后，如何采取有效的措施来保障相关法律规则得到有效的执行就变得非常重要。公司人格否认税收执法可以分为公共执法和私人执法，其执法主体获得信息能力的不同决定了这两种执法方式执行成本的差异。同时，本书结合这两种执法方式的优缺点，认为公司人格否认税收执法应建立一种公共执法与私人执法相结合的治理模式。如何优化这种治理模式，其制度构建途径包括：（一）在公共执法的行政执法方面，一方面要不断优化税收执法方式、执法措施和执法程序，确保税收行政执法主体能严格依照法律规定执行法律；另一方面要建立合理的税收行政执法监督机制，保证税收行政执法得到应有的监督。（二）在公共执法的司法方面，应当逐步建立专业性的税收司法机构、建立税收行政执法和税收司法的衔接机制、建立税务机关出庭参与公司人格否认诉讼制度、进一步健全税务司法监督机制和进一步完善税收诉讼的诉讼规则。（三）在私人执法方面，应当从建立公共执法与私人执法的信息交流机制、逐步建立公司人格否认税收违法"奎太（Qui Tam）"诉讼机制、给予公司人格否认税收私人执法者以充分的激励和保护制度。此外，应充分发挥立法和司法解释的积极作用，以及通过判例和案例指导制度完善公司人格否认税法适用的法律规则。

因此，本书从税法和公司法互动的角度来构建公司人格否认税法适用的机制及制度，为解决通过滥用公司人格逃避税收问题提供了相应的制度对策。

目 录

1　导论

1.1　问题的提出

公司人格否认制度（Disregard of Corporate Personality 或 Lifting the Veil of the Corporation 或 Piercing the Corporation's veil），作为起源于英美法国家的一项判例法制度，旨在对滥用公司人格和有限责任的行为进行弥补和修正。[①]我国2005年修订的《公司法》将其引入并以成文法的形式将其固定下来，具体规定于第20条第3款之中。一般而言，作为对有限责任原则的修正，公司人格否认制度是指就具体法律关系中的特定事实，否认公司与股东各自独立的人格及股东的有限责任，责令股东对公司债权人或公共利益直接负责，以实现公平、正义的法律制度。

目前，公司人格否认制度在合同纠纷、侵权纠纷、劳动纠纷等方面的适用研究比较多，而在税法领域适用的研究相对较少，对税务征收和司法实践起指导性作用的文献较少，

---

① See Henry Hansmann & Reinier Kraakman, Toward Unlimited Shareholder Liability for Corporate Torts, 100 Yale L.J.1879 (1991)

而实践中滥用公司人格和有限责任逃避税收的行为却日渐增多。现实税收环境为制止各类逃避税收行为对公司人格否认引入的呼吁与理论上有关该制度在税法中研究的缺失形成了极大的反差。立足于此,本书通过对公司人格否认引入税法领域需解决的理论和现实性问题进行探讨,对该项制度在税法领域的适用范围、司法实践进行深入分析,以期为遏制各类避税行为,切实保障国家税收利益有所裨益。

本书以国家税收利益保护为出发点,从反企业避税的私法视角来探讨公司人格否认制度在税法领域中的适用。作为税法和公司法交叉领域的一项研究,本书以这两个学科领域的交叉研究为基础,通过在税法领域适用公司人格否认制度,破除税法和公司法交叉适用的制度障碍。因此,为了维护国家税收利益,避免公司不当避税行为,需要对公司避税行为进行适当的法律规制。其中,公司人格否认制度在税法中的适用一方面可以进一步完善反避税规则体系,强化不同制度之间的相互协调;另一方面也可以深化公司法和税法理论研究,为深入理解公司人格否认制度的内在机理及制度逻辑提供必要的理论支持。所以,本书主要就公司人格否认制度在税法中适用问题进行讨论,并为相关制度的完善提供理论支持和政策建议。

1.2　研究现状与文献综述

本书立足公司人格否认制度在税法领域中的适用现状和既有文献,为公司人格否认制度在税法领域适用进行理论铺垫,并通过税法和公司法交叉领域来解决公司人格否认制度在税法领域适用的理论和现实问题。如何实现公司人格否认制度和税法的有效对接，如何实现公司法和税法的有效沟通，如何实现通过私法制度（公司人格否认制度）来实现对企业避税行为进行有效规制，如何优化税务机关的执法模式从而提高执法效率，等等，这些问题就是本书所要关注的重点所在。为解决上述问题，本书在此对公司人格否认制度在税法中适用的国内外研究现状和发展趋势进行文献梳理和简要评述。

（一）公司法人格否认于税法领域的适用性研究

公司法人格否认制度是一项源起于英美法国家的判例制度，我国2005年修订后的《公司法》将其以成文法的形式固定下来可谓是一项创举。这一成文化形式的宣示作用也积极地刺激着我国广大研究学者对这一项制度的深入研究。时至今日，相关研究文献已有几百篇之多，其中不乏有专著出现，可见公司法人格否认制度作为一项西方的判例制度对我国公司法制度研究和完善起到的积极作用（刘俊海，2006）。[①]我国既有文献显示出对公司法人格否认制度已经进行了较为充分的理论研究（朱慈蕴，2009；[②]施天涛，2006[③]等）。但是，其研究内容主要体现在该项制度的理论依据、适用场

---

① 刘俊海：《新公司法的制度创新》，北京：法律出版社2006年版，第84页。

② 朱慈蕴：《公司法人格否认制度：理论与实践》，北京：人民法院出版社2009年版，第53页。

③ 施天涛：《公司法论》，北京：法律出版社2006年版，第42页。

合、适用范围、实证分析、司法适用等方面。就该项制度的适用范围而言，我们可以发现，我国学者主要将目光聚焦于该项制度在合同纠纷、侵权之债、劳动纠纷这些方面的适用（黄辉，2012[①]），而进行税法领域的适用问题研究的学者较少，形成的研究文献也较少（陈少英，2011；[②]王震，2007；[③]侯作前，2005；[④]杨省庭，2008；[⑤]谢春来，2008[⑥]）。于此，本书立足于公司法和税法的两大理论基点，对公司人格否认制度在税法领域的适用问题进行理论关注。

为何要在税法领域引入公司法人格否认制度；如何通过私法制度（公司人格否认制度）来实现对企业避税行为进行有效规制；如何实现公司人格否认制度和税法中反避税制度的有效对接；公司法人格否认制度适用于税法的理论基础为何；如何优化税务机关的执法模式从而提高执法效率，等

[①]黄辉：《中国公司法人格否认制度实证研究》，载《法学研究》2012年第1期。

[②]陈少英：《论公司法人格否认制度在反避税中的适用》，载《法学家》2011年第5期。

[③]王震：《税收——如何揭开公司面纱》，载http：//www.fsou.com/html/text/art/3355789/335578943.html，访问于2013年10月25日。

[④]侯作前：《公司法人格否认理论在税法中的适用》，载《法学家》2005年第4期。

[⑤]杨省庭：《论公司法人格否认制度在税法领域的适用》，北京大学2008年硕士研究生学位论文。

[⑥]谢春来：《公司法人人格否认情形下的税法适用问题研究》，西南财经大学2008年硕士学位论文。

等，这些问题就是本书所要关注的。为解决上述问题，本书在此对公司法人格否认制度在税法中适用的国内外研究现状和发展趋势进行文献梳理和简要说明。

实质课税原则作为税法的一项基本原则，通过对经济实质或本质的把握（葛克昌，2004；[1]刘剑文，2004[2]等），防止纳税义务人滥用税法进而避税的行为，体现了税收的统一、公平和正义。在我国并无实质课税原则的一般性立法表述，在国家税务总局以及相关的规范性文件中，更多使用的是"实质重于形式"一词。然而实质课税本身乃诉讼之地，其本身是否有适用边界，是否能应对滥用公司人格和有限责任逃避税收行为，尚需仔细斟酌。

从实质课税原则的功能研究入手，其功能大致可以从三个方面进行：税法学构建、税法解释、事实认定。具体体现为：第一，在税法学构建方面，税法应具有独立的目的和经济意义，应独立于私法（葛克昌，2008[3]）。第二，在税法解释方面，实质课税原则"乃是一种一般的修正方法，其系以一般的转换为目的，亦即将民法上之概念转化为特殊的税法上的概念，亦即经济上的概念，更完整而言，乃转化为适合

---

① 葛克昌：《税法基本问题》，北京：北京大学出版社2004年版，第7页。

② 刘剑文、熊伟：《税法基础理论》，北京：北京大学出版社2004年版，第160页。

③ 葛克昌：《经济观察法与量能课税》，载《月旦法学教室》2008年第73期。

于按照经济上之负担能力课税（陈清秀，2004）。[1]税法上借用私法上的概念只不过是用来描述、转绘一个经济上形成或经济状态的辅助工具（柯格钟，1998）。第三，在实事认定方面，实质课税原则对于纳税义务人在现实上所采取的法律形式及其行为，即在事实层面上径行加以否认，调整其为税捐机关所认定的经济实质行为，据此再适用税捐法的法律规范，而得出纳税义务人应负担税捐或补税的结果（柯格钟，2007）。[2]

在反避税中主要是基于对实质课税原则的税法解释和事实认定这两项功能的运用。然而，实质课税原则有其本身的适用局限性，如：纳税人利用不同国家或地区之间税法规定和税负的差异，通过在低税负的国家或地区转让所持目标公司股权的方式，间接地转让位于高税负国家或地区的财产，从而逃避本来应在高税负国家或地区缴纳税款的情形；或者纳税人利用不同资产交易之间税法规定和税负的差异，通过转让所持目标公司股权的方式，间接地转让本应征税的资产，从而逃避直接转让该类资产所应缴纳税款的情形。因此，通过对实质课税原则功能的探讨，为公司法人格否认适用于税法创造了可能。

然而，只是从实质课税原则的局限性这一个角度探讨公

---

①陈清秀：《税法总论》，台北：元照出版有限公司2004年版，第213页。

②柯格钟：《论量能课税原则》，载《成大法学》2007年第14期。

司法人格否认在税法中的适用是不够的。本书将从公司法人格否认与一般反避税条款的关系这一角度深入分析，试图从立法实务多角度为公司法人格否认适用于税法奠定基础。

为应对各种形式的避税行为，《中华人民共和国企业所得税法》（以下简称《企业所得税法》）第47条引入了"一般反避税"，作为其特别纳税调整部分的兜底性条款，旨在对不具有合理商业目的税收安排进行有效防范和打击（张晓婷，2010；[1]李茜、韩瑜，2008；[2]张颖，2007[3]）。于此，分析公司法人格否认与一般反避税条款的关系就变得相当重要，若一般反避税条款足以应对滥用公司法人格否认来逃避税收行为，则公司法人格否认制度在税法中的适用将无从谈起。

从一般反避税认定标准入手，依《企业所得税法》第47条之规定以及《企业所得税法实施条例》第120条之规定，一般反避税的认定标准应为"不具有合理商业目的"，而依《特别纳税调整实施办法（试行）》第92条之规定，一般反避税条款的认定标准为"实质重于形式原则"。"不具有合理商业目的"探求的是纳税人从事交易的主观意图是为获得规

---

①张晓婷：《实质课税原则的制度实现——基于企业所得税法文本的考察》，载《财贸研究》2010年第5期。

②李茜、韩瑜：《〈企业所得税法〉一般反避税条款评析》，载《涉外税务》2008年第8期。

③张颖：《从拉姆齐原则看"合理商业目的"》，载《首席财务官》2007年第9期。

避税收的目的,除此之外不具备其他的经济、商业目的。加拿大以"不具有合理商业目的"作为一般反避税适用的认定标准,美国采取的是"不具有合理商业目的"与"实质经济主义"双重的认定标准(汤茵洁,2012)。[①]本书认为,采取双重认定标准既能规制形式多样的避税行为,又能避免一般避税条款与特别避税条款的冲突,还能更好地体现税法及相关法规的立法目的。

我国无论是采用"不具有合理商业目的"还是采用"实质重于形式",或是两者兼具的双重认定标准,均涉及对税法条款的解释以及对税收事实的重新认定。基于"不具有合理商业目的"和"实质重于形式"两者所体现之法意的考察,本书的观点是一般反避税条款在某些情形下不足以应对滥用公司独立人格和股东有限责任逃避税收的行为,如利用空壳公司逃避税收的情形。因此,为对多种多样的避税行为进行有效打击,将公司法人格否认制度引入税法,与一般反避税条款相协同形成一张反避税的严密网络,才能对各种避税行为进行切实有效的防范和制止。

(二)公司法人格否认于税法领域适用的基础理论研究

公司法人格否认制度属于民商法上的制度,而税法为公法,二者何以能够结合?如何结合?本书拟先讨论公司法人

---

①汤洁茵:《〈企业所得说法〉一般反避税条款适用要件的审思与确立》,载《现代法学》2012年第5期。

格否认制度适用于税法的理论前提，据以回答第一个疑问，然后从税收债务关系的视角讨论税收权利的债权性质和纳税人的诚实信用，据以回答第二个疑问。本书试从国家税收理论和税法对私法引入的尊重与承接两个角度探讨公司法人格否认在税法中适用的理论前提。从纳税人的诚实信用义务和税收债权法律关系探讨公司法人格否认制度在税法中适用的理论基础。

"揭开公司面纱"原则是诚实信用原则在公司法中的具体适用，即通过法官创造性的司法活动，以自由裁量权弥补法律的漏洞，调节不同法律规范、规则之间的关系，从而实现个体利益之间、个体利益与社会利益之间的平衡（徐国栋，2002）。[①]诚实信用原则为私法中的"帝王"条款，其所具有的法理应为公法、私法通用之一般法理，应该在公法中积极运用。在行政法中，最高人民法院《关于执行〈中华人民共和国行政诉讼法〉若干问题的解释》第58条、第59条都在一定程度上体现了诚实信用原则的要求（闫尔宝，2005）。[②]在税法中，为谋求个人与个人间利益的调和并维持个人与社会之间利益的平衡，税收之债的履行自当遵

[①]徐国栋：《诚实信用原则研究》，北京：中国人民大学出版社2002年版，第2-3页。

[②]闫尔宝：《行政法诚实信用原则研究》，中国政法大学2005年博士论文。

守诚实信用原则（侯作前，2005）。[1]在税收法律关系中，基于税收法定主义原则，应慎重适用诚实信用原则，但同时肯定存在违反正义的特别情事时，得考虑适用诚实信用原则（林洋港，1992）。

关于税收法律关系为"权力说"或"债权债务说"的讨论一直不断。权力关系说认为，国家及其授权机关享有比国民更优越的权力，基于国民对国家课税权的服从关系，国民应依据国家行政机关的"课税处分行为"自主履行纳税义务，整个税收法律关系是以课税处分为中心的国民对国家行政机关的权力服从关系。从某种意义上说，权力关系说是把课税处分行为看成同刑事判决具有同样性质的行为（金子宏，2004）。[2]我国有的学者认为税收实体部分为债权法律关系而程序部分为权力法律关系（陈清秀，2004；[3]刘剑文，2004；[4]施正文，2008；[5]杨小强，2002；[6]张

---

[1]侯作前：《公司法人格否认理论在税法中的适用》，载《法学家》2005年第4期。

[2][日]金子宏：《日本税法》，战宪斌、郑林根等译，北京：法律出版社2004年版，第19页。

[3]陈清秀：《税法总论》，台北：元照出版有限公司2004年版，第205页。

[4]刘剑文、熊伟：《税法基础理论》，北京：北京大学出版社2004年版，第69页。

[5]施正文：《税收债法论》，北京：中国政法大学出版社2008年版，第2-3页。

[6]杨小强：《税收债务关系及其变动研究》，载刘剑文主编：《财税法论丛》第1卷，法律出版社2002年版，第162页。

守文，2001；①张劲松，1979②），坚持税收法律关系"二元论"观点。有的学者认为，租税关系是一种公法上的债权债务关系，只要符合实体税法所规定的抽象要件（构成要件），租税债务即成立（康炎村，1987）。③综上所述，税收法律关系的债权债务属性及股东对公司税收债权人的诚信义务，构筑了公司法人格否认制度得以适用于税法的坚实基础。

（三）公司法人格否认于税法领域的适用范围研究

我国《公司法》第20条第3款规定："公司股东滥用公司法人独立地位和股东有限责任，逃避债务，严重损害债权人利益的，应当对公司债务承担连带责任。"该法条未对债务进行任何意义上的界定，依最具代表性的分类方法，即按照学理解释进行分类，债务应包括合同之债、侵权之债、劳动之债、税收之债等（王保树，2006）。④在美国，"揭开公司面纱"被广泛运用于侵权、契约、破产、税收等领域（陈现杰，1996）。⑤日本税法学者小树芳明认为，将公司法人格否认制度具体适用到税法的什么领域是个难以回答的问题。在法人的设立和经营仅是以减少税负为目的的场合与法人设

①张守文：《税法原理》（第二版），北京：北京大学出版社2001年版，第79-80页。

②张劲松：《租税法概论》，台北：三民书局1979年第3版，第49页。

③康炎村：《租税法原理》，台北：凯仑出版社1987年版，第119-120页。

④王保树：《商法》，北京：法律出版社2005年版，第107-108页。

⑤陈现杰：《公司人格否认法理述评》，载《外国法译评》1996年第3期。

立无效的场合可以适用法人格否认，除此之外，都应当慎重（小树芳明，1980）。①

我国对公司法人格否认制度在税法领域的适用范围的研究比较少，所形成的有代表性的观点也较少。有的学者认为，在税法中适用公司法人格否认的场合主要有两个，即利用公司规避法律义务的场合和公司法人格形骸化的场合（陈少英，2011；②侯作前，2005③）。在这种观点的指引下，有的学者通过案例假设的方法分析了公司法人格否认具体适用到税收领域的情形有两种：即不实或不足出资的情形和公司、股东人格混同的情形。同时也提出由于税收涉及社会公共利益，公司法人格否认在税法领域的适用应当有着比私法领域更加严格的适用标准（杨省庭，2008）。④公司滥用法人格逃避税收的方式层出不穷，但主要有三种情形：一是利用虚假设立登记、税务注销登记、税收管理环节漏洞和公司改制等滥用法人登记的方式；二是利用人格混同的方式；三是利用税收优惠政策的方式（谢春来，2008）。⑤在税法中有必要引入

---

①［日］小树芳明：《法人税法概说》，有斐阁1980年版，第18页。

②陈少英：《论公司法人格否认制度在反避税中的适用》，载《法学家》2011年第5期。

③侯作前：《公司法人格否认理论在税法中的适用》，载《法学家》2005年第4期，第109-115页。

④杨省庭：《论公司法人格否认制度在税法领域的适用》，北京大学2008年硕士学位论文。

⑤谢春来：《公司法人格否认情形下的税法适用问题研究》，西南财经大学2008年硕士学位论文。

公司法人格否认制度，其适用场合包括两方面，即利用公司收入与个人收入的混同来规避税收法律义务和利用公司法人格形骸化来规避税收义务的场合（苏妞，2011）。①以上是对公司法人格否认于税法的适用范围研究形成的比较有代表性的观点。

（四）公司法人格否认于税法领域的适用争议研究

公司法人格否认于税法的适用争议总体上形成了否定说和肯定说两种针锋相对的观点。

肯定说认为，具有税捐义务的法人，其设立或存在仅以逃避税收为目的，仅属于一种外观的法律形式而实际并未从事任何经济上的活动，则可能被认为是虚伪的行为而不生效力，或属于法律上形式的滥用而被否认，即穿透公司形式而直接把握公司法人背后的股东，以该股东作为税捐义务人（陈清秀，1998），②如果股东滥用营业人和营业事业，税捐征税机关可以基于"穿透说"的理论要求有责任之成员承担税捐给付义务（黄茂荣，2002）。③因此，有学者认为将公司法人格否认引入税法具有可行性和必要性，对防止股东逃避税收、规避税收责任具有十分重要的现实意义（陈少英，2011；④

---

① 苏妞：《公司法人格否认制度在税法中的运用》，载《法制与社会》2011年第1期，第35—36页。

② 陈清秀：《税法总论》，台北：元照出版社1998年版，第319页。

③ 黄茂荣：《税法总论》，台北：植根法学丛书编辑室2002年版，第269页。

④ 陈少英：《论公司法人格否认制度在反避税中的适用》，载《法学家》2011年第5期。

侯作前，2005①）。

否定说认为，实质课税原则在规避税收、保障国家税收利益过程中体现出的举足轻重之作用，认定当"外观与实质"或"形式与本质"不一致情形下，应剥去伪装，把握其真实的法律关系并在税法上予以确认即可，不存在公司法人格否认的问题（北野弘久，2001；②金子宏，1989③）。公司法人格否认制度是私法领域中的一项制度，其适用应按照严格的适用标准，是对公司或股东（实际控制人）与债权人利益失衡情形下修正过程中的例外适用，而税法是公法，该项制度本身能否冲破公法与私法之界限适用于公法领域本身就是值得商榷的（岸田雅雄，1997）。④

综上所述，既有文献对公司人格否认理论和税收规避的法律规制理论进行了一定的论述，但是如何在税收法律实务中运用作为私法制度的公司人格否认制度来优化税务机关执法活动，这需要在理论上进行进一步的深入思考。本书试图在既有文献的基础上对公司人格否认制度在税法中的适用进行进一步的思考。

---

①侯作前：《公司法人格否认理论在税法中的适用》，载《法学家》2005年第4期。

②[日]北野弘久：《税法学原论》，陈刚、杨建广等译，北京：中国检察出版社2001年版，第89页。

③[日]金子宏：《日本税法原理》，刘多田等译，北京：中国财政经济出版社1989年版，第112页。

④[日]岸田雅雄：《会社税法》，悠阁社1997年版，第184-185页。

1.3　内容安排和研究意义

（一）研究内容

本书主要讨论的内容是公司人格否认制度在税法领域的适用性问题。由于公司人格否认是《公司法》上的一项制度，将一项私法制度引入到具有公法属性的税法领域本身就是一件非常谨慎的事情，必须加以详细考察。

实质课税原则是税法上一项重要原则，在我国立法和实务方面则体现为"实质重于形式"原则。我国税法及相关规范性文件都明确了实质重于形式原则，旨在当"形式与实质"或"外观与实体"不一致时，应按真实之实质或实体确立税收法律关系。实质课税原则的功能主要体现在税法学的构建、税法解释和税收事实认定三个方面。对于实质关系的把握可以按照税法立法之目的进行解释，以弥补税法的漏洞，即实质课税原则通过对法律漏洞的弥补，以规制税收规避行为。实质课税原则的事实认定功能，旨在重新构建与经济实质行为相当的法律形式，再适用税法之法律规范。然而，对于滥用公司人格和有限责任逃避税收的行为，并非利用法律漏洞以逃避税法，无论实质课税原则作目的性缩小解释或是目的性扩大解释，均不能涵盖其内容。即使重新构建与经济实质相当之行为也是无济于事。因此，实质课税原则在滥用公司人格和有限责任逃避税收的情形时是无能为力的。为此，本书回答了为何要将公司人格否认适用于税法这一问题。

公司人格否认制度在税法中的适用研究
——基于反避税规则体系完善的视角

公司人格否认是《公司法》上的一项重要制度，其若在税法领域具有可适用性，这说明税法现有之制度已不足以应对这类避税之类型，否则，其将无适用之空间。本书从两个方面讨论公司人格否认于税法领域的适用性问题：一是基于滥用公司人格逃避税收行为与税收规避的差异性。滥用公司人格逃避税收行为与税收规避在税收债务是否成立、行为表现、行为性质、法律关系构成、行为的结果五个方面存在差异。因此滥用公司人格逃避税收的行为不能称之为税收规避行为，将滥用公司人格逃避税收的行为纳入税收规避的法律规制中，其观点是不成立的。二是基于公司人格否认与税法中反避税规则的功能协同。通过对转让定价税制、反资本弱化税制、反避税港避税制、反滥用税收协定税制和一般反避税条款等税法中反避税规则的梳理，总结出除一般反避税条款之外的每一项反避税规则都是针对企业所实施的某一项避税安排而有针对性地进行规制和打击，其规制行为的特定性和专一性决定了这些反避税规则对滥用公司人格和有限责任的逃税行为的无能为力。通过对一般反避税条款的功能和"不具有合理商业目的""实质重于形式"双重认定标准进行分析，本书认为一般反避税条款与公司人格否认制度所规制内容在一定程度上存在交叉和重叠，如通过设立目标公司进行股权转移的情形，但对其他的滥用公司人格和有限责任逃避税收行为则无所适从。而现实生活中，滥用公司人格和有限责任逃避税收的行为呈现出发展之势，基于现实规制的需要，本书认为，公司人格否认应成为反避税规则之一，并能够弥补税法中反避税制度的不足。为此，本书回答了可否将公司人格否认适用于税法这一问题。

本书以国家税收理论和税法对引入私法制度的尊重与承接作为公司人格否认适用于税法的两个理论前提。国家税收理论是行政机关有权向纳税人课以税收的基础理论，也是税法立法的基础理论。从税法的历史发展沿革得知，税法与私法之关系经历了由合到分的过程，税法是公法领域与私法联系最密切的。私法的概念与制度对税法体系的建立具有重要影响。因此税法对公司人格否认的引入是不存在障碍的，应秉承尊重和积极承接的态度来应对。同时，公司人格否认于税法领域适用的理论基础为诚实信用原则和税收债权法律关系。诚实信用原则是私法领域的"帝王"条款，但其并非只在私法中体现，行政法中禁止反言和情势变更补偿等规定体现的正是诚实信用原则。因此，在税法领域确立不得滥用公司人格和有限责任的诚实信用原则具有必要性。此外，关于税收法律关系性质是"权力说"或"债权债务说"的争论一直不断，主流观点认为，税收债权债务关系更能体现税收法律关系的本质。基于此，"税收之债"被提出，其与"私法之债"在构成要件上并无二致，"税收之债"与"私法之债"的契合为公司人格否认适用于税法提供了可能。为此，本书回答了公司人格否认于税法领域适用的理论前提和理论基础这一问题。

目前，关于公司人格否认适用范围的研究较多，主要集中在合同和侵权领域，较少涉及税收领域。首先，通过分析这一研究缺失的原因以及在税法中确立公司人格否认具有的正当性，为公司人格否认在税法领域的具体适用奠定基础。其适用范围主要表现为利用法人设立登记、人格混同、公司形骸化三种情形。其次，通过寻找案例进行类型化分析为该项制度的具体适用提供指引。在股权交易情形下，主要表现为通过设立目标公司，以股权转让之名行财产转让之实的情形；在混同情形下，主要表现为在财产混同、人员混同以及经营事务混同等方面，股东或控制公司利用其控制权导致混同情形的产生，并利用各公司人格混同转移利润，以逃避税收；在空壳公司情形下，股东利用其控制权，形骸化公司的财产，使其成为一空壳，无任何对外清偿的财产，无力承担税收，严重损害债权人利益。目前，公司人格否认已经突破传统适用领域，出现了扩展适用的情形。这主要体现为公司人格的反向适用和姐妹公司之间的人格否认两种情形。在公司人格否认扩展适用的指引下，本书对"常设征税"、维护个人所得税利益和公司注销三种情形扩展适用于公司人格否认进行了初步探讨。为此，本书回答了公司人格否认于税法领域适用的标准这一问题。

当存在通过公司人格否认制度来规制滥用人格逃避税收行为时，在实体性法律规则已经建立之后，如何采取有效的措施来保障相关法律规则得到有效的执行就变得非常重要。公司人格否认税收执法可以分为公共执法和私人执法，其执法主体获得信息能力的不同决定了这两种执法方式执行成本的差异。同时，本书结合这两种执法方式的优缺点，认为公司人格否认税收执法应建立一种公共执法与私人执法相结合的治理模式，共同来应对滥用公司人格的逃税行为。第一，在公共执法的行政执法方面，一方面要不断优化税收执法方式、执法措施和执法程序，确保税收行政执法主体能严格依照法律规定执行法律；另一方面要建立合理的税收行政执法监督机制，保证税收行政执法得到应有的监督。第二，在公共执法的司法方面，应当逐步建立专业性的税收司法机构、建立税收行政执法和税收司法的衔接机制、建立税务机关出庭参与公司人格否认诉讼制度、进一步健全税务司法监督机制和进一步完善税收诉讼的诉讼规则。第三，在私人执法方面，应当从建立公共执法与私人执法的信息交流机制、逐步建立公司人格否认税收违法"奎太（Qui Tam）"诉讼机制、给予公司人格否认税收私人执法者以充分的激励和保护制度。此外，应充分发挥立法和司法解释的积极作用，以及通过判例和案例指导制度完善公司人格否认税法适用的法律规则。

（二）研究意义

本书的研究意义分为现实意义和理论意义两部分：

在现实意义方面，从国家税务总局公布的资料显示，2005年全国税务机关对外企进行反避税调查，为国家增加了近40亿元的财政收入。[①]近年来，随着国际间商业经济活动

---

① 陈晶晶：《避税与反避税博弈进入拐点》，载《法制日报》2007年第9期。

的发展，我国反避税调查查补税款情况明显增加，2010年全国税务机关反避税工作对税收增加的贡献合计达到102.72亿元，2011年的情况更加明显，税收增加的总额达到239亿元。

我国《企业所得税法》将企业分为居民企业和非居民企业。居民企业应就其来源于国内、国外的收入缴纳企业所得税；而非居民企业缴纳企业所得税与机构、场所的设立相关。纵观居民企业的避税方式，滥用公司法人资格和有限责任就是其中之一，主要通过法人设立登记、人格混同、公司形骸化以逃避税收。而非居民企业较居民企业而言，其避税方式更多样繁杂，隐蔽性更强，主要通过利用公司独立法人资格以逃避税收，如利用不同国家（地区）税负之不同，在低税率的国家（地区）设立一目标公司，以股权转让之名间接转让位于高税率国家（地区）的财产。近几年，全国税务机关已增强意识，对非居民企业实施的转让股权行为进行深入调查，如2008年重庆渝中国税否认新加坡中间控股公司案①以及2010年江苏江都国税征收非居民企业间接股权税款案。②为保障国家的财政收入，保护纳税人的利益，实现税收公平、正义，将公司人格否认制度引入税法，以制止滥用公司人格和有限责任逃避税收行为具有重要的现实意义。

目前对于公司人格否认制度的研究很全面，相关文献达

---

① 《重庆渝中国税否定新加坡中间控股公司反避税案件》，载 http://blog.sina.com.cn/s/blog-493cd61c0100hu2h.html，2013年9月4日访问。

②徐云翔、赵军、宋雁：《最大单笔间接转让股权非居民税款入库》，载《中国税务报》2010年6月9日。

到几百篇之多，其研究内容主要表现在该项制度的理论依据、适用标准、适用范围、司法适用以及实证分析等方面。在适用范围的研究方面，对公司人格否认制度的研究主要集中在合同和侵权领域，很少涉及税收领域。这从香港中文大学的黄辉教授在2011年对我国公司人格否认制度司法适用所进行的实证分析中可以得到印证。在他收集的102个案例样本中，以合同之债作为请求权基础的案例数量为68件，占总数的66.7%；以侵权之债作为请求权基础的案例数量为7件，占总数的6.9%，其余的为法定事由。[1]该项制度在税法领域研究的学者和所出之文献很少，[2]不能对税务机关工作起具体指导性作用。然而，实践中滥用公司人格和有限责任逃避税收的行为却日渐增多，现实税收环境为制止各类逃避税收行为对公司人格否认引入的呼吁与理论上有关该制度在税法中研究的缺失形成了极大的反差。因此，本书的深入研究具有重要的理论意义。

1.4 研究方法和研究路线

（一）研究方法

为达到研究的科学性、规范性、严谨性，必须依靠科学的研究方法，本研究主要采用理论主义研究范式，主要采用

---

[1] 黄辉：《中国公司人格否认制度实证研究》，载《法学研究》2012年第1期。

[2] 目前，我国对公司人格否认于税法领域适用研究的有：陈少英、侯作前、王震、刘剑文等学者及相关文献资料十余篇。

公司人格否认制度在税法中的适用研究
——基于反避税规则体系完善的视角

以下几种研究方法：

（1）文献研究法。对现有的文献资料进行整理、分析、归纳和总结，在此过程中，对与本研究相关的资料进行分类和提炼，为本研究提供坚实的理论支撑和研究基础。

（2）个案分析法。本书主要采用理论加案例分析的研究范式，在理论研究过程中，从本研究的侧重点对经典案例进行深入具体的分析，以支撑理论分析的结论，使之具有更强的说服力。

（3）系统分析法。本书不是以公司人格否认于税法中适用过程中的某一问题作为研究的中心，而是以该研究所涉及的为何适用、如何适用、其理论前提和理论基础为何、其适用范围为何、争议的解决程序为何等一系列问题作为一个系统进行分析。

（4）比较分析法。对国外或某一地区的理论和实践经验的借鉴和引入已经成为我国理论完善的一种途径。

（二）研究路线

根据本研究的研究内容和研究目标，本研究的技术路线主要包括以下六个步骤：第一步，从实质课税原则的内涵及其在反避税中的适用入手，着重分析实质课税原则在反避税中的局限性，为公司人格否认在税法领域的适用提供可能性；第二步，基于对上节内容的承接，既然公司人格否认有可能在税法中适用，其如何适用，其与税法固有之制度如何协调等问题成为这一环节主要解决的问题。本环节主要从两方面解决：一是基于滥用公司人格逃避税收行为与税收规避的差异性；二是基于公司人格否认与税法中反避税规则的功能协同；第三步，讨论公司人格否认适用于税法领域的理论前提和理论基础，为该项制度在税法中功能的发挥奠定基础；第四步，通过分析公司人格否认在公司法中的适用情况，以及对该项制度在税法中研究缺失的探讨，详细分析该项制度于税法领域的适用范围，并通过案例分析的方式对适用范围进行类型化研究；第五步，讨论公司人格否认于税法适用的制度保障问题，具体分析税收执法中适用公司人格否认制度的理论解释、公司人格否认税收执法机制优化的制度构建、税收立法、税法执行与公司人格否认规则的具体化等内容。

1.5　本书创新点

依据本研究的研究思路和研究内容，本书的创新点主要有以下几点：

（1）现有的有关公司人格否认于税法中适用的研究文献主要是基于对现实经济活动中存在利益公司人格和有限责任逃避税收行为的角度，即从现实需要的角度考虑将该制度引入的必要性。而本书通过对实质课税原则局限性的探讨，即从现实需要和税法固有制度缺陷两个角度探讨该项制度引入的必要性。具体而言，若税法固有制度足以应对滥用公司人格和有限责任逃避税收行为，则无须寻求公司法上的制度支持。

（2）对公司人格否认在税法领域的适用问题进行了理论

论证，讨论了滥用公司人格逃避税收的基本形式、比较了滥用公司人格逃税行为与税收规避的差异性以及对公司人格否认与税法中反避税规则的关系等理论问题并指出了相应的对策。

（3）对公司人格否认制度在税法领域适用的标准与类型进行了归纳，注重从实践中分析公司人格否认制度在税法中适用的类型，从而对公司人格否认税法适用问题进行了类型化分析。

（4）从执法经济学的角度对公司人格否认税法适用的制度保障问题进行了讨论，指出了公司人格否认税收执法机制优化的制度构建，并对税收立法、税法执行与公司人格否认规则的具体化问题进行了分析。

2 实质课税原则在
反避税中的适用及其局限性

实质课税原则作为税法上的一项基本原则，通过对经济实质或本质的把握，防止纳税义务人滥用税法进而不当避税的行为，体现了税收的统一、公平和正义。然而实质课税原则本身乃诉讼积聚之地，[①]是否真能对此种行为应对周全，尚需仔细斟酌方能得出结论。

2.1 实质课税原则的理论基础及功能定位

国家征税的目的在于获取财政收入，而纳税人为了达到减少缴税的目的，必然采取诸多方法逃税或避税。因直接逃避税收容易被税务机关查获，而采取间接方式以合法的形式掩盖逃避税则不易为税务机关所掌握，暴露风险较小。基于税收法定主义的要求，征税必须依据相应的实体法律规定并遵守法定程序，而现代社会经济活动繁复多样且不断翻新，

---

① 葛克昌：《税法基本问题》，北京：北京大学出版社2004年版，第7页。

由法律将涉及经济活动的各项征税事项均予以详细规定显然不切实际，实质课税原则遂应运而生，以资征税机关对有意规避税法规定的经济活动按其实际性质予以核定进而课税，从而对避税行为予以规制。

2.1.1 实质课税原则的内涵及理论基础

实质课税原则是税法上一项重要的基本原则，"实质课税原则为量能课税原则在法理念上的表现"，①是指征税机关认定课征租税的构成要件时，应以实际发生的经济事实关系及其所生的实际经济利益作为课税依据。②依据实质课税原则考量经济上的实质时，"有时不但不以当事人在经济活动中使用之名义、登记之业务项目、使用之契约类型（委建或合建、买卖或承揽）、给付名目（入会金、保证金）为准，而且不顾虑课税事实本来应据以发生之法律行为是否无效，有无违反法律强行或禁止规定或公序良俗的情形，而专以可归属于特定主体之经济活动的特征、契约或条款之实质内容论断契约所该当之类型、给付所属之科目，或专以契约实际履行的情形认定其该当之构成要件，从而决定相应之税捐法上的效力。③"因此，实质课税原则的概念在理论上是公平税负

---

①黄茂荣：《税法总论》第一册（增订第二版），台北：植根法学丛书编辑室，2005年，第374页。

②卢天成：《由释字第420号解释租税规避之防杜》，载《军法专刊》第52卷4期。

③黄茂荣：《税法总论》第一册（增订第二版），台北：植根法学丛书编辑室，2005年，第394页。

原则在税法中的体现，[①]其与公平税负原则所体现的税法目的是一致的。

　　税法研究者一般认为"实质课税"的概念缘起于德国的经济观察法。[②]德国在第一次世界大战战败后，魏玛共和国为应对战后财政压力，实施了一系列的财政改革以扩展税源，而当时德国税法立法分散，条文之间存在彼此重叠甚至矛盾之处，为统一税法适用遂于1919年实施的《帝国税收通则》第4条原则性地规定了税法之解释应考虑诸多因素，如税收立法之目的及其经济意义，以及税法与各规范性文件之间关系的发展等。[③]此后于1931年，对《帝国税收通则》进行修订时将该条文移动到第9条，1934年德国《租税调整法》将该条文删除，另行并入德国《税收调整法》第1条第2项，规定："税法的解释应考虑国民通常之观念、税法之目的和经济意义以及各税收条文之间关系的发展等多方面因素。"[④]由此，"实质课税"概念在税法解释中的地位便确立起来了，通过税法解释之功能来调整征税法律关系。

　　[①] [日]北野弘久：《税法学原论》，北京：中国检察出版社2001年版，第84页。

　　[②] 陈清秀：《税法总论》，台北：元照出版有限公司2004年版，第205页。

　　[③] 陈张念明：《形式法治下的实质课税主义》，山东科技大学2010年硕士学位论文。

　　[④] 陈敏：《租税课征与经济事实之掌握——经济考察法》，载《政大法学评论》1982年第26期。

从法律术语来源上看，我国学理上所使用的"实质课税原则"用语则源于日本，1953年日本法律173号及174号以及日本旧《所得税法》第3条以及旧《法人税法》第7条之新增内容中，均明确使用了"实质课税原则"的用语。1965年日本《所得税法》及《法人税法》修订时，第12条的标题为"实质所得课税之原则"，其中之规定为"资产或事业所生之收益，其法律上的归属者仅为名义人而未享受收益，却为第三人享受时，则第三人为实际的收益享受着，可适用本法之规定"。①由此可见，实质所得课税原则的基本功能是应对法律上"实质"与"形式"之间的问题。②

实质课税原则与经济观察法是否同一，学者有不同见解。学者黄茂荣认为经济观察法与实质课税原则有所不同，实质课税原则本身包含价值判断，系捐税公平原则的体现，强调捐税法解释和适用上的公平，而经济观察法则侧重于从经济观点出发，客观观察和认定课税事项。③陈荣哲与陈建宏通过对德国经济观察法与日本实质课税原则的学术脉络考察，认为德国法制上之经济观察法与日本法制上之实质课税原则，至少在现阶段不应视为同一，并建议"跳脱日本实质课税原则之思考模式，而改采德国经济观察法之

---

① [日]吉良实著、郑俊仁译：《实质课税主义》（上），载《财税研究》1987年第3期。

② P.S.阿蒂亚、R.S.萨默斯：《英美法中的形式与实质》，北京：中国政法大学出版社2005年版，第39页。

③ 黄茂荣：《实质课税原则》，载《根植杂志》2002年第8期。

概念"。[1]另一学者陈清秀则持相反的观点，认为德国税法上的经济观察法与日本及我国台湾学说中的实质课税原则相当，实质课税原则乃是税法上特殊的原则或观察方法。基于量能课税原则的要求，考虑到民法的概念对税法产生的影响，以及税法特有的经济目的，因此，在税法解释的适用上，应趋向于其经济价值意义。在课税要件事实认定方面，不应以单纯外观的交易法律形式为准，而应把握其表彰经济上给付能力的实际事实关系，应采取经济上的观点加以观察，此即所谓捐税法上经济的观察法。[2]我国学者刘剑文也认为"实质课税源自德国的经济观察法，它由税收负担公平原则所导出，是解决税收规避的一种方法"。[3]尽管德国税法上的经济观察法与日本税法上的实质课税原则在理论发展与目标侧重方面确实有所不同，但实质课税原则毕竟脱胎于经济观察法，且二者均强调税法解释适用和税法事实认定应取向于税法规定的经济目的及其经济意义以体现税负公平的价值理念，"经济观察法可以说是实质课税原则在方法论上的表现"，[4]故本书

---

①陈荣哲、陈建宏：《经济观察法与实质课税原则——两个概念的再考》，载《军法专刊》第55卷第2期。

②陈清秀：《税法总论》，台北：元照出版有限公司2004年版，第204页。

③张学博：《信托设立的税制分析》，载《上海财经大学学报》2008年第12期。

④黄茂荣：《税法总论》第一册（增订第二版），台北：植根法学丛书编辑室，2005年，第375页。

从反税收规避的角度讨论实质课税原则时视其与经济观察法为相同含义。

实质课税原则强调以"目的"或"经济实质"作为课税依据。[①]此处所谓"实质",日本税法学上有"法的实质主义"和"经济的实质主义"的区分。[②]其中,"法的实质主义"是指在法律的适用方面,表现之外在事实与隐藏之内在事实不一致时,不应据外在事实,而应据隐藏的内在真实事实进行税法解释,以资适用。日本学者金子宏认为,"对于课税要件事实认定所必需的法律关系,不要按表面上所存在的法律关系而应按真实存在的法律关系来进行课税要件事实的认定;而不应离开真实的法律关系,去按其经济成果或目的来对法律要件的存在与否进行判断"。[③]而"经济上的实质主义"是指满足私法上之法律构成要件的法律真实事实,即法律形式的实质与现实之经济的真实事实,即经济的实质不一致时,不应据法律形式的实质,而应据经济的实质进行税法的解释,以资适用。[④]

---

①See Christopher M.Pietruszkiewicz, Economic Substance and the Standard of Review, 60 ALA.L.REV.339, 342 (2009).

②陈荣哲、陈建宏:《经济观察法与实质课税原则——两个概念的再考》,载《军法专刊》第55卷第2期。

③[日]金子宏:《日本税法》,战宪斌、郑林根等译,北京:法律出版社2004年版,第102-103页。

④陈清秀:《税法总论》,台北:元照出版有限公司2004年版,第205页。

在"法的实质主义"和"经济的实质主义"的适用上，良吉实主张应将实质课税原则理解为既包括经济上的实质主义，也包括法律上的实质主义，在具体实务案件中，如果发生的不一致存在"法律关系"对"法律关系"方面，则应从法的实质主义立场解释和适用税法，而如果不一致发生在"法律关系"与"经济事实"之间时，应从经济的实质主义立场解释和适用税法，充分发挥实质课税原则的功能，体现该原则的旨趣和目的。①

笔者认为，尽管学理上对实质课税原则存在"法律实质"与"经济实质"的理解及其争议，但如从税法的角度看，法律实质主义并非税法所特有，而经济实质主义则更能够体现实质课税原则的精神和理念。理由是：法律上的实质主义强调当形式上的法律关系与实质法律关系相异时，应以实质的法律关系认定，这种认定方式与民法上虚伪表示并无根本上的区别，②不过是民法上虚伪表示的税法化借用，并不具有特别的方法意义。③恰如陈清秀所指出：如果实质课税原则所指实质乃法律上的实质，则"在此了解底下，若此项原

---

① ［日］良吉实：《实质课税主义》（下），郑俊仁译，载《财税研究》1987年第5期。

② VietorThuronyi, ComParativeTaxLaw, KluwerLawInternational, P.158.

③ 孙健波：《税法漏洞补充理论研究》，载《中南大学学报（社会科学版）》2008年第3期。

则在其他法律领域亦被承认和适用，不仅体现和反应量能课税的精神实质，则实质课税原则的结果与私法中的虚假行为便相类同，其便成为并非在税法上具有独特意义的原则"。①

经济上的实质主义则针对法律关系外观与实际经济事实不一致时，以实际经济事实认定课税事项，以避开当事人所采取的法律关系形式径直把握其背后的经济行为，进而确定纳税事项。故经济上的实质主义确为其他法律所未有的方法，在税法上具有特殊意义，能够达成实质课税原则的目标与功能。

2.1.2　实质课税原则功能定位的制度分析

实质课税原则的提出，其功能大致可以从税法学建构、税法解释和事实认定三个面向上观察：

首先，从税法学建构的角度观察，实质课税原则有助于使税法学独立于私法学。在德国的《帝国税法通则》制定以前，税法学并不具备独立于私法的概念体系，也未形成一门独立的学问，税法大量借用私法上的概念和术语，税法本身被归属于民事法下，税法上的概念和法律思想均受制于民法，税法概念和术语的内涵及法律效果也当然按照私法学予以解释和理解。②随着经济生活的变迁，此种现象逐渐难以应

---

①VietorThuronyi，ComParativeTaxLaw，KluwerLawInternational，P. 158.

②黄宗正：《租税债务法律关系之研究》，台湾大学1980年法学研究所论文，第120-121页。

对新的征税问题。特别是第一次世界大战后，德国在重建中出现大量借国难之机获取暴利的商人，其暴利行为多因违反强制法规规定在私法上归于无效，税法作为民法的附属法，也因此认定此种行为无效而无须纳税。此种现象一方面有违税收公平而引发其他纳税人的不满，另一方也有损财政收入。贝克尔等人因之主张税法应独立于私法，税法具有独立的目的和经济意义，应与私法分离。①贝克尔等人主张，税法借用私法概念描述课税要件，只适用于概念的核心文义，但税法对这些借用概念的理解与适用并不受私法解释的限制。②

其次，从税法解释的角度观察，贝克尔等人倡导经济观察法的直接目的在于将借用于民商法的概念转化成为税法上的概念，在这个意义上，实质课税原则"乃是一种一般的修正方法，其系以一般的转换为目的，亦即将民法上之概念转化为特殊的税法上的概念，亦即经济上的概念，更完整而言，乃转化为适合于按照经济上之负担能力课税"。③按贝克尔等人的观点，如果民商法与税法使用同一概念，则民商法仅给予税法上概念之核心，而环绕该核心的概念

---

① 葛克昌：《经济观察法与量能课税》，载《月旦法学教室》2008年第73期。

② 葛克昌：《私法对税法的规范影响》，行政院国家科学委员会专题研究计划，2006年，第13页。

③ 陈清秀：《经济观察法在税法上之应用》，载《植根杂志》1993年第1期。

范围，必须以是否与核心事实在经济上属于同一事实作为其判断标准，因此税法上借用私法上的概念只不过是用来描述、转绘一个经济上形成或经济状态的辅助工具。因此，德国税法学者对经济观察法的讨论，"一直是将其作为一种法律解释之方法为前提进行，其差别仅在于这种观察法或是解释方法，是否为捐税法所独有，使其得以尤其是借自私法的法律概念，作出与私法不同的解释结果而已"。

最后，从税法事实认定的角度观察，实质课税原则"对于纳税义务人在现实上所采取的法律形式及其发行行为，即在事实层面上径行加以否认，调整其为税捐机关所认定的经济实质行为，据此再适用税捐法的法律规范，而得出纳税义务人应负担税捐或补税的结果"。[1]德国联邦财务法院有关判决指出，不是所有民法上认为有效的，在税法上都认同，税法偏向于对实际经济结果的把握。[2]通过这种事实认定功能，征税机关在确认征税事实时不受民事法律关系的限制，有权直接依据当事人之间实际的"经济实体"或"经济实质"作为认定依据，从而防止纳税义务人通过虚拟与实际经济事实不符的法律关系形式规避纳税义务，从而奠定实现税收公平和量能课税的事实基础。

---

①柯格钟：《论量能课税原则》，载《成大法学》2007年第14期。
②陈清秀：《税法总论》，台北：元照出版有限公司2004年版，第213页。

实质课税原则在事实认定方面的适用类型，学者黄茂荣归纳为税捐客体之有无、税捐客体之范围、纳税客体之归属、无效契约之履行、违法行为无碍于税捐义务、非常规交易之调整等数种情形。[①]学者刘剑文等虽未明确归纳实质课税原则的适用类型，但认为"如果仅将实质课税主义理解为税法解释应倾向于经济的实质，而非单纯的法律形式，那么它在税法上当然具有广阔的应用空间"。[②]

值得注意的是，实质课税原则是否能够同时兼具税法解释和税法事实认定的功能，一直存有争议。学者柯格钟主张实质课税原则与经济观察法相同，因此本质属于法律解释适用问题，并非事实认定或其评价的方法，而学者黄茂荣则主张经济观察法同时以税法与课税事实作为对象，以课税事实作为观察对象时，经济观察法强调事实存在的内容与法律形式之间的差异，并以事实的经济实质判断课税客体的有无、归属及数额。[③]陈清秀也认为实质课税原则在事实认定方面应把握实际上、经济上的事实关系而非单纯的法律形式。[④]在立

[①]黄茂荣：《税法总论》（第一册），台北：植根法学丛书编辑室2005年，第405-450页。

[②]刘剑文、熊伟：《税法基础理论》，北京大学出版社2004年版，第160页。

[③]黄茂荣：《税法总论》（第一册），台北：植根法学丛书编辑室2005年，第405-450页。

[④]陈清秀：《税法总论》，台北：元照出版有限公司2004年版，第211页。

法方面，德国1934年《税收调整法》第1条第3项规定，《经济观察法》对课税要件事实判断和课税事实的认定也有适用，而1977年《税收通则》制定后则无以经济观察法判断事实的规定。①我国国家税务总局国税函〔2000〕687号批复涉及对应税事实的认定。②

2.1.3　实质课税原则适用的制度边界

虽然实质课税原则为税法上相关概念摆脱民法限制进行解释提供了可能，并授以征税机关克服民事法律关系的形式而径直以经济实质认定征税事项的权柄，但实质课税原则的适用如毫无边界，势必会与税收法定主义发生冲突并进而危及法秩序的安定性。③因此，为顾及税收法定主义与实质课税原则的平衡，必须划定实质课税原则的适用边界。从实质课税原则的功能角度看，为避免实质课税原则的适用与税收法定主义发生冲突，个案情形即使满足良吉实教

---

①陈清秀：《税法总论》，台北：元照出版有限公司2004年版，第398-399页。

②国税函〔2000〕687号文件是国家税务总局对广西壮族自治区地税局的个案批复，其主要内容是：鉴于深圳市能源集团有限公司和深圳能源投资股份有限公司一次性共同转让深圳能源（钦州）实业有限公司100％的股权，且这些以股权形式表现的资产主要是土地使用权、地上建筑物及附着物，经研究，对此应按土地增值税的规定征税。

③陈清秀：《税法总论》，台北：元照出版有限公司2004年版，第226页。

授所列举的三个条件，仍有必要明确实质课税原则功能发挥的最大范围。

（1）从实质课税原则的解释功能上看，实质课税原则既强调依据立法目的、斟酌经济意义进行税法解释，但就如何确定此种解释的限度，特别是对该原则是否能够根据立法目的进行解释以弥补立法漏洞，学说历经更迭。《帝国税法通则》制定后至二战结束前，德国税法学倾向于认为税法的解释不仅可以用于弥补立法漏洞，也可以进行类推适用、目的性扩张和限缩，甚至可以超越法律的法续造。[1]此种观点极大地扩张了征税机关的权力，危及纳税人的财产权利及法的安定性，二战后已被抛弃。转而主张税法概念原则上应与私法做相同解释，但对于在遵守税收法定原则的前提下，税法解释得用于弥补法律漏洞。[2]

对于税收义务成立的构成要件缺失等漏洞，实质课税原则既为税法适用的解释原则，自应受到法律解释范围的限制而不得借此擅越解释与立法各自的疆界。依实质课税原则，凡国民纳税义务的确定以及发生效果的各项要件，包括征税的课税要件、税目、税金金额等都必须有赖法律明确规范，法律未规定则公民没有纳税义务，国家亦无征税

---

[1] See JosePh Banknlan, The Eeonomie Substanee Doctrine, Southern California Law Review Vol, 74：52000， P.11.

[2] See JosePh Banknlan, The Eeonomie Substanee Doctrine, Southern California Law Review Vol, 74：52000， P.209.

权力。[①]因此，征税机关主张实质课税原则对税法予以解释必须限于税法可能的文义范围并遵守法律解释的基本方法，实质课税原则"并不能弥补法定征税要件或税捐构成要件这一特征的缺失"，"在税收法定主义的要求下，并不能因援引经济观察法对经济实质的探寻而规避其适用"。[②]据此，学说倾向于认为征税机关无权借口实质课税原则而弥补此种立法政策上的缺失，也无权超越法律规定的可能文义而进行法续造以弥补税务成立构成要件的缺失。[③]但若法律用于文义超越立法目的而欠缺限制，则实质课税原则的解释功能可以进行目的性限缩，即使因此创设或加重纳税人的税务负担而不利于纳税义务人也为法所允许。

（2）从实质课税原则的事实认定功能上看，实质课税原则的基本意旨虽在于采经济实质主义而避开法律关系的形式，从事实的经济实体或经济实质认定税法事实，但征税机关既主张在当事人所为法律关系之外另存所谓"经济实质"或"经济实体"，则必须论证此种主张的正当性。日本学者

---

①张进德：《租税法理论与实务》，台北：五南图书出版有限公司1999年版，第37页。

②张婉苏、卢庆亮：《特别纳税调整"一般条款"之法律解读》，载《苏州大学学报（哲学社会科学版）》2010年第4期。另见陈清秀：《税法总论》，台北：元照出版有限公司2004年版，第235页。

③陈敏：《租税课征与经济事实之掌握——经济考察方法》，载《政大法学评论》1982年第26期。

良吉实认为，这种正当性需通过事实、目的和证明等三个方面来获得：在事实方面，适用实质课税原则解释、适用税法需以法形式或名义等形式上存在的事实与实质上存在的经济事实之间存在差异；在目的方面，即使形式上的事实与实质上的事实之间存在差异，但适用实质课税原则解释适用税法仍需证明以形式上的事实课税将违背量能课税原则且有违税收公平；在证明方面，征税机关主张适用实质课税原则的则应就存在上述两方面的内容承担主张和证明责任。[①]

2.2　实质课税原则在反税收规避中的运用

如前所述，实质课税原则是否兼具法律解释与事实认定的功能虽存有争议，但实质课税原则的事实认定功能对于反税收规避具有重大意义。[②]由于经济观察法在德国租税法上的意义及理论已经由过去的立法论转为税法解释论[③]，而不再

---

①[日]良吉实著、郑俊仁译：《实质课税主义》（下），载于《财税研究》1987年第5期。

②See Rebecca Prebble & John Prebble, Does the Use of General Anti-Avoidance to Combat Tax Avoidance Breach Principles of the Rule of Law? A Comparative Study, Saint Louis University Law Journal, Vol.55.

③罗瑞玉：《租税法律主义与实质课税原则之个案研究》，台湾私立中原大学会计系2005年硕士学位论文，第38页。

涉及应税事实的认定。

2.2.1 我国大陆实践中"实质重于形式"原则

与日本不同，我国并无关于实质课税原则的一般性立法表述，国家税务总局的规范性文件中使用更多的是"实质重于形式"一词。例如，按《国家税务总局关于缴纳企业所得税的新办企业认定标准执行口径等问题的补充通知》（国税发〔2006〕103号）第五条之规定，符合条件的新办企业从关联企业通过利用转让定价的方式转移利润，或是从现有企业转移业务和关键性人员以期享有税收优惠政策的，应按照"实质重于形式原则"探清真实情形，不应承认其所享有的税收优惠政策，以保障国家的财政收入。[①]

按国家税务总局《关于印发〈减免税管理办法（试行）〉

[①]《国家税务总局关于缴纳企业所得税的新办企业认定标准执行口径等问题的补充通知》（国税发〔2006〕103号）第五条规定："主管税务机关可以根据实质重于形式的原则，做如下处理：（一）符合条件的新办企业利用转让定价等方法从关联企业转移来利润的，转移过来的利润不得享受新办企业所得税优惠政策。（二）符合条件的新办企业，其业务和关键人员是从现有企业转移而来的，其全部所得不得享受新办企业所得税优惠政策。"载http://www.csj.sh.gov.cn/pub/xxgk/zcfg/qys-ds/200608/t20060802_286502.html，访问于2013年11月10日。

的通知》（国税发〔2005〕129号）第二十五之规定，[1]税务机关应按照实质重于形式原则对企业的实际经营情况进行事后监督检查，以保证采取之政策与企业实际经营状况相符。

按国家税务总局《企业资产损失所得税税前扣除管理办法》第四十五条之规定，[2]若企业向关联企业提供借款、担保或者转让资产是依据独立交易原则进行的，而由此发生的损失可准予扣除。该法条以独立交易原则为中心，侧重于对关联企业之间交易实质的把握，某种程度上也体现了实质重于形式原则。

---

①国家税务总局《关于印发〈减免税管理办法（试行）〉的通知》（国税发〔2005〕129号）第二十五条规定：税务机关应按照实质重于形式原则对企业的实际经营情况进行事后监督检查。检查中，发现有关专业技术或经济鉴证部门认定失误的，应及时与有关认定部门协调沟通，提请纠正，及时取消有关纳税人的优惠资格，督促追究有关责任人的法律责任。有关部门非法提供证明的，导致未缴、少缴税款的，按《中华人民共和国税收征收管理法实施细则》第九十三条规定予以处理。载http：//www.ctaxnews.com.cn/syxw/xwxzt/200912/t20091221_1554899.htm，访问于2013年11月10日。

②国家税务总局《企业资产损失所得税税前扣除管理办法》第四十五条规定：企业按独立交易原则向关联企业转让资产而发生的损失，或向关联企业提供借款、担保而形成的债权损失，准予扣除，但企业应作专项说明，同时出具中介机构出具的专项报告及其相关的证明材料。载http：//www.chinatax.gov.cn/n8136506/n8136593/n8137537/n813 8502/11581234.html，访问于2013年11月10日。

公司人格否认制度在税法中的适用研究
——基于反避税规则体系完善的视角

按《国家税务总局关于确认企业所得税收入若干问题的通知》（国税函〔2008〕875号）第一项之规定，[1]对企业销售收入的确定，应遵循实质重于形式原则。对以上两个条文的把握，国家税务总局为防止规避企业所得税已经从企业销售收入和税前扣除两方面进行规制，充分体现了国家税务总局的反避税决心。

然而，国家税务总局并无关于何为"实质重于形式"的明确界定。一般认为，该术语源于会计核算上的"实质重于形式原则"，我国发布的第一个具体会计准则《关联方关系及其交易的披露》（1997）中首次提到了运用实质重于形式来具体判断是否存在关联方关系，即有关各方是否存在关联方关系，应当按照其关系的实质进行判断，而不能仅仅依据其法律形式加以确定。《企业会计准则》（2006）对实质重于形式原则进行界定，"企业应当按照交易或者事项的经济实质进行会计确认、计量和报告，不应仅以交易或者事项的

---

[1]国家税务总局《关于确认企业所得税收入若干问题的通知》（国税函〔2008〕875号）："根据《中华人民共和国企业所得税法》（以下简称企业所得税法）及《中华人民共和国企业所得税法实施条例》（以下简称实施条例）规定的原则和精神，现对确认企业所得税收入的若干问题通知如下：一、除企业所得税法及实施条例另有规定外，企业销售收入的确认，必须遵循权责发生制原则和实质重于形式原则。"载http：//www.csj.sh.gov.cn/pub/xxgk/zcfg/qysds/200811/t20081121_286619.html，访问于2013年11月10日。

法律形式作为依据",①从该第十六条的规定来看,实质重于形式原则强调以企业交易或事项的经济实质作为核算的基准。因此,我国税法实践中使用的"实质重于形式"可以认为来源于企业会计准则,其基本内容是强调以企业交易或事项的经济实质作为计税和税务稽查的基准,而不应当仅仅按照它们的法律形式。

国家税务总局以个案批复或通知的形式,对"实质重于形式"的内涵和适用范围作出了诠释:

在《国家税务总局关于以转让股权名义转让房地产行为征收土地增值税问题的批复》（国税函〔2000〕687号）及《国家税务总局关于股权转让不征收营业税的通知》（国税函〔2000〕961号）文件中国家税务总局通过个案批复形式明确"实质重于形式"系行为性质认定的规则,而不涉及公司人格无视或否认。

在《国家税务总局关于以转让股权名义转让房地产行为征收土地增值税问题的批复》（国税函〔2000〕687号）中,国家税务总局认为"鉴于深圳市能源集团有限公司和深圳能源投资股份有限公司一次性共同转让深圳能源（钦州）实业有限公司100%的股权,且这些以股权形式表现的资产主要

---

① 《企业会计准则》（2006）第十六条:"企业应按照交易或者事项的经济实质进行会计确认、计量和报告,不应仅以交易或者事项的法律形式为依据。"载http://www.360doc.com/content/13/1101/14/95411_325 836224.shtml,访问于2013年11月10日。

是土地使用权、地上建筑物及附着物，经研究，对此应按土地增值税的规定征税"。[1]根据该文件，国家税务总局排除当事人采取的法律形式（转让股权），而根据"股权形式表现的资产主要是土地使用权、地上建筑物及附着物"径直认定该行为的经济实质是转让土地和房产，进而认定应缴纳土地增值税。

在《国家税务总局关于股权转让不征收营业税的通知》（国税函〔2000〕961号）文件中，该文件系针对深圳市能源集团有限公司和深圳能源投资股份有限公司一次性共同转让深圳能源（钦州）实业有限公司100%的股权案的批复，无论是股权转让前或是转让后，钦州公司的独立法人地位依然存在。因此，按照税收法规规定，对于转让钦州公司的股权行为，不属于营业税的征收范围，不征收营业税。[2]

分析《国家税务总局关于以转让股权名义转让房地产行为征收土地增值税问题的批复》（国税函〔2000〕687号）和《国家税务总局关于股权转让不征收营业税的通知》（国税函〔2000〕961号）可以看出，国家税务总局在适用"实质重于形式"原则时，主要系针对当事人行为性质的认定，而不涉及公司人格。这一点进一步体现在国家税务总局2010年《关于融资性售后回租业务中承租方出售资产行为有关税

---

①李丽琴：《从一则案件看个人股权转让中的涉税风险》，载《现代商业》2017年第5期，第187-188页。

②李丽琴：《从一则案件看个人股权转让中的涉税风险》，载《现代商业》2017年第5期，第187-188页。

收问题的公告》（国家税务总局13号公告）中："融资性售后回租业务是指承租方以融资为目的将资产出售给经批准从事融资租赁业务的企业后，又将该项资产从该融资租赁企业租回的行为，……融资性售后回租业务中承租方出售资产的行为，不属于增值税和营业税征收范围，不征收增值税和营业税。"该公告充分体现了"实质重于形式"原则的本旨在于不拘泥于当事人行为在民法上的法律形式，而依据行为的经济实质作为认定行为性质的基础。因此，尽管融资性售后回租业务中的出售资产行为，在民法法律形式上体现为资产转让，但在税法认定上却充分考虑其经济本质是融资，资产所有权以及与资产所有权有关的全部报酬和风险并未完全转移，故不征收增值税和营业税。综上对我国税务实践中"实质重于形式"原则及其运用的考察可见：

第一，在认定税法事实方面，"实质重于形式"原则与实质课税原则并无根本差别，均强调不拘泥于当事人所采行为的民法性质，而是根据"经济实质"认定其税法上的性质。

第二，在既有实践中，"实质重于形式"原则并不涉及税法解释而仅仅是税法事实认定的规则，这一点使"实质重于形式"原则的功能和适用范围明显小于实质课税原则。

第三，在税法事实认定方面，"实质重于形式"原则并不涉及公司人格否认或无视等问题。

2.2.2　实质课税原则在反避税中运用之比较

我国税法实践虽未明确提出实质课税的概念，但借用会计核算上的"实质重于形式"原则，对当事人行为的税法性质予以认定，国家税务总局及法院的判决均强调以行为或事项的"实质"或"经济实质"作为认定征税诸事项的基础，而非仅仅依据当事人所采取的法律形式。

由以上对我国实质课税原则的考察来看，实质课税原则在税收规避方面的适用主要有两个方面的特征：

一是在税法解释方面，强调目的解释的方法，为实现课税公平并防止税收规避，法院或征税机关得依法律之立法目的，衡酌经济上的意义及实质课税公平的原则为之。尽管如此，依据实质课税原则进行税法解释必须遵守法律解释的基本方法和边界，不能擅越立法与解释的各自疆域，实质课税原则"并不能补正法定课税要件或税捐构成要件特征的欠缺"，"课税要件法定主义的要求，并不能透过经济观察法而规避其适用"。[1]

二是在征税事项认定方面，强调实质重于形式，而非仅依照当事人所采取的法律关系形式和事实外观进行判断。实质课税原则在税收规避方面的运用系赋予法院或征税机关对税法事实进行认定的权柄，而其适用的目的在于排除当事人所采取的法律关系形式或民法性质的限制，径直根据"实质"或"经济实质"认定征税事实，并不涉及税收债务关系中主体的法人格或税务负担能力是否遭受侵蚀问题。

---

①陈清秀：《税法总论》，台北：元照出版有限公司2004年版，第235页。

2.3   实质课税原则在滥用公司人格逃避税收中适用的局限性

根据上文对实质课税原则学理与实务的考察可以看出，实质课税原则的产生有其特殊的历史意涵，在反税收规避中的运用主要集中于税法解释和税收债务构成诸经济事实的认定方面。因此并不足以援用于滥用公司人格和股东有限责任逃避税收的情形。

2.3.1   实质课税原则产生的时代局限性

实质课税原则的产生具有特殊的历史意涵，该理论的提出并未对滥用公司人格或股东有限责任逃避税收的行为有所预见。如前所述，实质课税原则脱胎于德国税法上的经济观察法，从该理论产生的源头上看，贝克尔等人提出经济观察法的目的在于对源于私法上的税法概念另行解释，从而构建独立的税法理论，因此提出经济观察法的本旨在于解释而非事实认定。尽管经济观察法在德国税法上曾一度涉入税法事实认定方面，但1977年税收通则制定后则无以经济观察法判断事实的规定。

实质课税原则应对税收规避的方法之一是对税法进行目的解释以弥补法律漏洞，进而将本具有脱法性质的规避行为转化为税法所规范的行为，进而征税。公司人格滥用的逃避税收行为并未利用法律漏洞，而系以公司人格作为工具或者侵蚀公司资产以逃避已经成了的税收义务。在此种情形下，实质课税原则的目的解释功能不管是进行"目的性限缩"还是"目的性扩张"操作，均无法应对此种税收逃避行为。

2.3.2 实质课税原则适用范围的局限性

实质课税原则的事实认定功能不能适用于滥用公司人格或股东有限责任逃避税收的行为。日本税法学在扬弃经济观察法基础而提出实质课税原则之后，虽赋予该原则兼具税法解释和事实认定的双重功能，但实质课税原则的事实认定功能系通过拟制与税收规避行为的本质相当的符合纳税构成要件的经济事实，从而否定税收规避者所采取的行为，因此，此种拟制仅系对避税者行为的拟制，而非对纳税主体的拟制。滥用公司人格或股东有限责任逃避税收的行为本身并不存在独立于该滥用行为以外的所谓"经济事实"或"经济实质"，故而实质课税原则的这种拟制税法事实进行征税的模式难以适用。兹举例详述如下：

如纳税人利用不同国家或地区之间税法规定和税负的差异，通过在低税负的国家或地区转让所持目标公司股权的方式，间接地转让位于高税负国家或地区的财产，从而逃避本来应在高税负国家或地区缴纳的税负。或者纳税人利用不同资产交易之间税法规定和税负的差异，通过转让所持目标公司股权的方式，间接地转让本应征税的资产，从而逃避直接转让该类资产所应缴纳的税负。

此种情形下，若转让股权所针对的目标公司本身具有合理的商业目的并实际开展与其经营范围相当的经营业务，则该转让股权的行为并未滥用目标公司的人格而系股权的正常转让，符合私法上的合法要件，能够发生私法上的效果，但于税法上可能被认定为以转让股权之名为资产转让之实，系避税行为，征税机关得依据实质课税原则另行拟制与该行为相当的经济实质（即资产转让行为）而以该经济实质课以相应税负。如转让股权所针对的目标公司不具有合理的商业目的而仅系为达成该转让行为而设立，则系对目标公司人格的滥用，即以目标公司的独立人格为工具，达成逃避税收的非法目的，此种情形下，转让方的行为并非利用法律规定漏洞避税的脱法行为而系直接的违法行为（违反《公司法》第二十条），因此并不存在一个独立的所谓经济实质或经济事实，征税机关无从拟制一个与该行为相当的经济实质或经济事实而征税。因此并无实质课税原则适用的余地。

又如纳税人通过侵蚀公司独立人格的构成基础而使公司丧失纳税能力，从而逃避税负的行为。此种情形下，纳税人往往采取欺诈性交易、出资不实或者抽逃出资等方式使公司徒具其表而形骸化，并不具备承担责任和义务的财产基础。此种逃避税收的行为显然并未利用立法漏洞，并不属于脱法行为，而系明显的违法行为。事实课税原则的目的解释和事实认定等功能均无适用的余地，而只能直接否认已经被形骸化的公司的人格，径直把握该公司股东，由该公司股东承担税收义务。

再如股东与公司之间资产或人格上的混同，或者源于同一控制权利下不具备股权投资关系的公司之间的财产混同。此种情形下，由于股东与公司之间，或者公司与公司之间人格或资产缺乏明显的界限，使征税机关难以认定征税客体的归属关系，进而无法确认纳税主体。此种情形下，甚至可能难以证明股东或公司存在逃避税收的意图，而可能仅仅是管理混乱所致。这种客体归属认定上的困难并未积极利用法律漏洞，也未虚构合法形式，实质课税原则的税法解释功能和拟制经济事实进行税法事实认定的功能对此鞭长莫及。此时，只能否认该些股东或公司的人格，将发生混同的公司或者公司与股东视为一个纳税主体进行征税。

2.3.3 实质课税原则功能定位的局限性

实质课税原则的事实认定功能在于确定税收债务的成立，而非确认该债务的承担者。滥用公司人格或股东有限责任来逃避税收的行为，行为实施之时，税收义务已经成立，否定公司人格的意义在于落实该义务的承担者。

如果把税收义务关系理解为主体和内容两个方面，则实质课税原则的运用只涉及税收债务的成立及其内容的认定，并不涉及税收义务关系中的主体问题，如公司因法人格诸构成要件遭受不法侵蚀而丧失税务支付能力并致使税赋落空的情形以及以公司形式作为工具规、逃避税收等情形。

综上可见，实质课税原则虽具有税法解释和税法事实认定的功能，但并不足以应对滥用股东人格或股东有限责任逃避税收义务的行为，因此否定于税法领域引入公司人格否认制度的观点，其主要理由并不能成立。

2.4　本章小结

本章通过对实质课税原则的概念、历史发展沿革、基本内涵的考察，认为实质课税原则的主要功能包括构建税法和税法学的独立性、进行税法解释和税法事实认定三个方面。实质课税原则在反税收规避中的运用一方面系通过税法解释功能（特别是目的解释）扩张或缩小税法条文的含义，将利用税法漏洞进行税收规避的行为纳入应税行为的范围进行课税，或者发挥税法事实认定的功能，拟制与税收规避事实相当的符合税收构成要件的经济实质或经济事实，径直否认税收规避行为所采取的法律形式，径直以该拟制的经济实质或经济事实课以税收义务。

然而，实质课税原则也有其适用边界，对于税收义务成立的构成要件缺失等漏洞，实质课税原则作为税法适用的解释原则，自应受到法律解释范围的限制而不得借此擅越解释与立法各自的疆界。据此，征税机关无权借实质课税原则来弥补此种立法政策上的缺失，也无权超越法律规定的可能文义而进行法续造以弥补税务成立构成要件的缺失。另外，征税机关主张在当事人所为法律关系之外另存所谓"经济实质"或"经济实体"，则必须从事实、目的、证明三个方面加以论证。

从对实质课税原则以上多方面的观察，滥用公司人格或股东有限责任逃避税收义务的行为并非利用法律漏洞，而是以公司人格为工具或者侵蚀公司人格的独立性逃避应税事实发生时即已经成了的纳税义务，因此实质课税原则的功能在滥用公司人格或股东有限责任逃避税收义务的环境下难以发挥作用，否定于税法领域引入公司人格否认制度的观点，其主要理由并不成立。

3 公司人格否认制度
在反避税领域的可适用性分析

基于对上文实质课税原则的功能和适用局限性的分析，实质课税原则在滥用公司人格和股东有限责任逃避税收行为的税法环境下难以发挥作用，从而为公司人格否认制度在税法中的适用提供了可能。换言之，若实质课税原则足以应对滥用公司人格逃避税收行为，则无须舍近求远地寻求公司法上的制度支持，则公司人格否认制度在税法领域的适用也将无从谈起。

公司人格否认制度作为公司法上的重要制度，是否可以适用于税法领域是一个非常慎重的问题。本章将从三个层面对可适用性问题进行探讨：一是，对公司的纳税主体资格与公司人格关系的探讨为该项制度适用于税法做好基础理论铺垫；二是，深入分析税收规避及其与滥用公司人格逃避税收的差异性为该项制度适用于税法提供理论性支撑；三是，进一步讨论一般反避税条款在反税收规避中的作用，及其与公司人格否认制度的关系为公司人格否认制度适用于税法提供现实意义支撑。

3.1 公司纳税主体资格与公司人格之关系

公司在税法中并非一直具有纳税主体资格，其纳税主体资格的确立与其人格具有密切联系。公司拥有独立的法人资格，能够成为税收法律关系权利和义务的主体。

3.1.1 公司作为纳税主体资格的发展

纳税主体是"为了对其所享受的国家提供的公共产品支付价格而基于宪法的规定，按照符合宪法理念和原则而制定的税法的规定承担纳税义务的单位和个人"，[①]纳税主体资格是法律主体参与税收关系、承担纳税义务的必要条件，一般包括权利能力和行为能力两个方面。纳税主体的权利能力和行为能力源于私法上的权利能力和行为能力，是否具备税收权利能力和行为能力也一般依据私法规范的规定而取得。[②]

但税法上为达成其立法宗旨的特殊需要，并非一律依据私法上的规定，而"应以表彰在经济上的给付能力（例如所得税）或在技术上可以把握经济上的给付能力的对象（例如营业税等消费税），作为税法的权利主体"。[③]

在现代税法中，公司作为盈利性企业法人，是最为重要

[①]刘剑文、熊伟：《税法基础理论》，北京：北京大学出版社2004年版，第8页。

[②]刘剑文、熊伟：《税法基础理论》，北京：北京大学出版社2004年版，第14-16页。

[③]陈清秀：《税法总论》，台北：元照出版有限公司2004年版，第318页。

的纳税主体，我国《企业所得税法》第1条开宗明义，规定：
"企业和其他取得收入的组织（以下统称企业）为企业所得
税的纳税主体，依照本法的规定缴纳企业所得税。"《中华
人民共和国税收征收管理法》（以下简称《税收征收管理
法》第4条也规定："负有纳税义务的单位和个人为纳税主
体"，公司作为单位之一种，在负有纳税义务时当然具有纳
税主体的资格。然而从财税发展史上看，公司并非当然具备
纳税主体资格。

　　以企业所得税为例，现代公司制度的历史至少可以追溯
到1602年成立的荷兰东印度公司，而国家对公司开征所得税
的历史则大概发端于19世纪。换言之，在相当长的时期内，
公司并不具备所得税的纳税主体资格。比如美国1862年颁布
的《联邦所得税法》虽旨在为内战筹集资金，但并未将公司
界定为纳税主体，而只规定铁路公司、银行以及信托公司等
在分配股利时负有代扣代缴股东个人所得税的义务，这是因
为对公司所得征税会招致双重征税的非议。美国国会1894年
《威尔逊-戈曼关税法案》（Wilson-Gorman Tariff Act）虽明确
规定对企业所得额按2%计征税款，以弥补因关税税率降低而
减少的税款，但该法案随后在Pollock v.Farmers' Loan & Trust
Co.案中被美国联邦最高法院认定违反美国宪法第九章第一条
中关于"未分配直接税"的禁令，最终裁决该法违宪。①直至
1909年，号称当代企业所得税法的起源的《企业所得税法》

①Pollock v.Farmers' Loan & Trust Co., 157 U.S.429 (1895), 158,
U.S.601 (1895).

（Corporate Income Tax Act of 1909）的颁布，才最终确立公司在所得税法上的纳税主体资格。

3.1.2 公司纳税主体资格在我国之确立

我国公司税制始创于20世纪初，至2007年《企业所得税》法颁布，其间形成诸多文本，但我国公司税制从创设之初就以公司作为纳税人，具备纳税主体资格。

清末草拟的《所得税章程》明定企业所得应缴纳所得税，其中公司所得的计算，以全年收入扣除营业费用和上年余存金以后的余额为纳税所得额。1914年中华民国《所得税条例》规定法人所得税以各事业年度总收入扣除本年度的支出金、上年度的盈余金、各种公课和保险金、责任预备金以后的余额为应纳税所得额，适用税率为2.0%。新中国成立后，1950年，政务院发布了《全国税政实施要则》，涉及对所得征税的有工商业税（所得税部分），主要征税对象是私营企业、集体企业和个体工商户的应税所得。现行《税收征收管理法》第4条规定负有纳税义务的单位具有纳税主体资格，而《企业所得税法》第1条、第3条就何种企业应就其何种收入来源在我国缴纳企业所得税。企业为居民企业和非居民企业之区分，居民企业应就其境内外的所得缴纳企业所得税，而非居民企业则应据来源的不同，就来源于中国境内的收入缴纳企业所得税。因此可见，公司作为企业，我国税法以立法方式确认了其纳税主体资格。

3.1.3 公司纳税主体资格与公司人格之关系

公司是否具有纳税主体资格，一方面固然与政治上对于

双重征税的政治争议有关，但另一方面也与学理和立法上对
公司人格的认识有关。强调公司人格对公司纳税主体资格的
影响，是因为是否具备独立的法人格是获得纳税主体资格的
决定性因素之一。

　　从学理上看，公司是否具备纳税主体资格与对公司人格
性质的认识之间具有直接的关联。在对法人本质的争议中，
法人拟制说与法人实质说是最为有力的两种学说，而这两种
学说均直接关涉到公司的税法地位并进而影响到相关国家的
税收立法。

　　根据法人拟制说，公司并非实体，而系自然人的集合，
自然人才是公司的真正实体。持该学说的代表萨维尼（Savi-
gny）认为，法律上的人格以具备意思能力为前提，自然人拥
有意思能力，故能成为权利义务的主体，而法人仅仅是自然
人的集合，既缺乏实体存在，也缺乏意思能力，法人人格不
过是法律的一种拟制。[1]因此，公司作为法人，其经营所得
最终归属于股东等自然人，因此"对法人所得课以法人税，
有如对自然人所可分配之所得，先行予以课征"，"该等税
负在自然人课税阶段，应做'必要调整'，否则，对该营利
所得，分就法人阶段与自然人阶段课予两次税负，若法人税
无法完全转嫁，即系重复课税，不甚合理"。

　　立足于法人拟制说的理论立场，公司营利所得最终为股

---

[1]仲崇玉：《论萨维尼法人拟制说的政治旨趣》，载《华东政法大学
学报》2011年第6期。

东所得，因此应对公司所得与股东所得合并课税。具体方法可采取在公司所得阶段扣除已付股息或于股东所得阶段部分或全部减免公司已经缴纳的所得税。1966年加拿大皇家税法委员会（Royal Commission on Taxation）出具的卡特尔报告（Carter Report）即提出将公司所得归属于自然人股东，由自然人股东依据个人所得税税率承担税负，从而实现公司所得税与个人所得税的合一。①

"法人实在说"为德国法学家基尔克（Otto von Gierke）所力导，并进一步分为有机体说与组织体说。有机体说主张"法人固系由个别成员所组成，惟于个别成员之外，尚有其独立存在之实体，与个别成员互相分离；除个别成员个人之意思外，全体成员经由一定之程序，形成其团体意思，与成员个人之意思互相独立，因此法人亦具有其意思能力"。而组织体说进一步认为意思能力并非取得法律人格的前提，婴儿与白痴虽无意思能力但具有法律人格，法人的存在并非法律所拟制而系实际存在的社会组织，法人人格不过是法律基于需要而对社会组织的承认而已。

基于法人实在说的理论立场，公司作为拥有独立法人格，能够成为权利义务的主体，因此公司营利所得与股东投资所得并非同一，公司与股东均应对其所得承担税负，且公司缴纳的所得税可以通过计入其提供的商品或服务中进行部分或全部转嫁，因此并不存在重复课税的问题。

---

①Brazer H E.The Report of the Royal Commission on Taxation].
The Journal of Finance, 1967, 22 (4)：671-683.

尽管法人实在说已经成为公司人格学说的主流，但在税法方面，比利时、法国、英国、德国、意大利和爱尔兰等欧共体国家的公司所得税法均采部分或全部抵扣制，允许从公司所得中部分或全部扣除分给股东的股息。其中英国在1965年前基于法人拟制说采取部分抵扣制，允许从公司所得中部分扣减应分股息，1965年税法改革后转而采纳股东与公司独立课税制，但1973年再次恢复部分抵扣制。而德国虽为法人实在说的发源地，在公司法传统上倾向于法人实在说，亦于1977年实施的公司所得税法中改采完全抵扣制。

3.2　滥用公司人格逃避税收与税收规避的差异性

税收规避通常被理解为试图减少或免除税负的行为，其内容和性质究竟为何？在内容上其是否包含利用公司人格和有限责任逃避税收的行为，或在性质上两者是否存在差异？这些均是公司人格否认适用于税法不可回避的问题，本节将进行详细探讨。

3.2.1　税收规避之界定及其法律规制

随着社会经济的进一步发展，税收规避行为呈现出纷繁复杂发展之势，为维护国家的税收利益和纳税人的信赖利益，采取积极的反避税措施已是当务之急。因此，需要对逃避税收与税收规避之间的差异性进行比较分析，从而为纳税主体进行有效的行为引导。

（一）税收规避的内涵及性质

综观主要国家立法，大多未对税收规避一词的含义做处理法界定。学理上一般认为，"税收规避"系指纳税人基于规避意图，滥用一连串的法律形成手段，以形成与其不相当之经济实质，借此规避或减免相关税收负担的行为。[1]税收规避是纳税人滥用法律形式的可能性，通过法律所未预定的一系列异常行为安排达成与通常行为方式相同的经济目的，以谋求不正当减轻税负的一种脱法行为。[2]具体来讲，纳税人利用税法规定的含糊、漏洞或者不规范等缺陷，对个人或商业事务进行不正当的安排，以达到免除或减轻税负的目的。[3]

关于税收规避法律性质的讨论存在"合法说""违法说"和"脱法说"三种学说。"合法说"为美国大法官汉德（Hand）所提倡，曾一度成为主流观点。[4]他的主要论点在于其将税收规避行为认定为是一种节税行为，认为从税收法定原则的严格意义出发，税收规避行为并没有满足课税的构成要件，在法律不存在个案否认的个别规定情形下，税收规避行为应为合法节税行为。[5]纳税人的避税行为是在不直接触

①柯潼格：《税收规避及相关联概念之辨正》，载《月旦财经法杂志》2009年12月，第91页。

②刘剑文：《避税之法理新探》（上），载《涉外税务》2003年第8期。

③谭伟：《中国企业避税治理问题研究》，厦门大学2009年博士学位论文。

④See Marvin A.Chirelstein, Learned Hand's Contribution to the Law of Tax Avoidance, 77 Yale L.J.440 (1967).

⑤葛克昌：《税法基本问题——财政宪法篇》，台北：月旦出版社股份有限公司1992年版，第70页。

犯国家的有关规定，在尊重税法的前提下对纳税义务的合法规避。[1]"违法说"认为，税收规避是规避税法立法目的的行为，是对法律形式的滥用，是一种间接的违法行为。[2]"节税说"是目前学术界比较流行的观点，其来源于葛克昌教授的观点，认为租税规避行为是冠以"合法避税"之名，本质上却是不合法的脱税行为。[3]因此，税收规避行为不能简单地将其界定为合法或违法行为，"脱法性"的性质认定比较准确。脱法说认为税收规避属于脱法行为的一种，[4]即行为虽与法律的目的相抵触，但在法律上却缺乏加以适用的具体规定的情形，[5]但不同之处在于私法上的脱法行为规避的对象为私法上的强行性规定，而税收规避行为规避的对象是税法。

笔者认为，税收规避法律性质的"合法说""违法说"和"脱法说"等三种学说均是从不同视角对税收规避行为进行解释，都具有一定的合理性。但是基于税收法定主义原则的要求及成文税法固有的特点，与逃避税收相比，税收规避

---

[1] 刘尚华：《浅议税收规避和实质课税原则》，载《知识经济》2012年第1期。

[2] 刘尚华：《浅议税收规避和实质课税原则》，载《知识经济》2012年第1期。

[3] 葛克昌：《税法基本问题——财政宪法篇》，台北：月旦出版社股份有限公司1992年版，第86页。

[4] 陈清秀：《税捐规避与处罚》，载《国政研究报告》，财金（研）099-011，2010年7月。

[5] 陈清秀：《税法总论》，台北：元照出版有限公司2004年版，第238页。

应是一种合法行为。[1]

(二) 税收规避的法律规制

税收规避是"税捐实务上最经常被适用的法律概念之一",[2]而税收规避理论涉及税收法定原则及纳税人权利保障等税法基础问题,因此能否将滥用公司人格逃避税收的行为纳入税收规避的范围是讨论采取何种法律制度对该行为予以规制的前提,不可不加以详细考察。

由于税收规避行为与逃税行为不同,"逃税行为"是"对于满足课税要件之事实,全部或部分予以隐匿的行为",而税收规避行为"是回避课税要件之满足本身之行为"。[3]税收规避是一种意图规避税法规定的行为,本身具有投机取巧性质,有损于对征税机关的信赖利益,[4]因此对税收规避的治理和防范是行政机关和立法机关的合宪性任务。[5]税收规避行为在私法上合法有效,税法对该种行为采取何种应对态度因此变成一个棘手问题,各学说差异较大。税法对税收规

---

① See Zoe Prebble & John Prebble, The Morality of Tax Avoidance, 43 CREIGHTON L.REV.693, 716 (2010).

② 柯湘格:《税收规避及相关联概念之辨正》,载《月旦财经法杂志》2009年12月,第93页。

③ 柯湘格:《税收规避及相关联概念之辨正》,载《月旦财经法杂志》2009年12月,第93页。

④ 刘剑文、丁一:《避税之法理新探 (上)》,载《涉外税务》2003年第8期。

⑤ 李刚、王晋:《实质课税原则在税收规避治理中的运用》,载《时代法学》2006年第4期。

避行为的应对方式具体来讲包括两个方面：其一是是否应否认税收规避行为而依据其经济实质课加税负；其二是税收规避行为是否具有可处罚性。税收规避是一种意图规避税法规定的行为，在是否应否认税收规避行为而依据其经济实质课加税负方面，既有学说存在肯定说和反对说两种观点，各国立法实务也有所不同。

在学说解释方面，肯定说中有的学者主张对于税收规避行为可以适用实质课税原则，拟制与税收规避行为的实质相当的法律事实从而适用税法的规定。实质课税原则强调透过形式追求实质，应当成为治理税收规避最直接有效的方法，但在具体治理过程中也应注意与税收法定原则的关系处理。[1]有的学者主张对税法规定依据税法立法目的进行扩张解释以弥补税法漏洞。[2]但这种方式无疑会扩大征税机关的自由裁量权，造成权力滥用的后果。否定说则认为，税收规避系利用法律漏洞，基于税收法定原则，不得将设定税务负担的税法规定依据所谓的立法目的进行扩张解释而延伸至法律文义所不及的行为，否则即违反禁止类推适用之原则。[3]而在缺乏法律根据的情形下，承认征税机关有权将当

---

[1]刘尚华：《浅议税收规避和实质课税原则》，载《知识经济》2012年第1期。

[2]陈清秀：《税捐规避与处罚》，载《国政研究报告》，财金（研）099-011，2010年7月。

[3]叶珊：《应税事实依据经济实质认定之稽征规则——基于台湾地区"税捐稽征法"第12条之1的研究》，载《法学家》2010年第1期。

事人所选择的法律上形式转换为通常所使用的法律上形式，以对应课税要件来加以处理，也与税收法定原则相违背。因此，若无法律根据，于理论及实务上，适以解释为税收规避行为之否认为法所不许较为妥当。而应由立法机关制定个别否认规定应对各种新的税收规避类型。①

在立法实务方面，《德国税务通则》第42条对防制税捐规避设有明确规定，故可以拟制与规避行为经济实质相当的事实进行征税。

1999年日本东京高等法院在判决中确认，依据税收法律主义，征税机关如果欠缺法律依据则无权限将当事人所选择之法律形式进行调整为满足课税要件的通常法律形式进行课税，并据此认定国税局以税收规避为理由进行补税处分欠缺法律依据而违法，判决予以撤销。②

税收规避行为是否具有可处罚性？既有学说对此问题的态度基本一致，认为税收规避的本质在于利用税法漏洞而非违背税法规定的行为，故而税收规避行为并非违法行为。而施加行政处罚需要具有明确的法律依据，因此不能仅以存在税收规避的行为事实，认定行为人具有逃漏税收的违法行

---

① [日]金子宏：《日本税法》，战宪斌译，北京：法律出版社2004年版，第91页。

② [日]松浦剛：《課税處分における法形式否認の限界》，转引自陈清秀：《税捐规避与处罚》，载《国政研究报告》，财金（研）099-011，2010年7月。

为，进而施加处罚。①日本通说也认为税收规避本身欠缺处罚之可罚性，不构成处罚之对象，并不构成逃漏税收罪。②

3.2.2 滥用公司人格逃避税收之基本形式

公司的活动如果满足税收发生要件，则产生税收法律关系，尽管就此种法律关系是否必然产生存在权力关系说和债权债务关系说的争论，但就公司税收法律关系本身静态观察，其构成要素包括主体、客体及内容三个方面。其中，公司是税收法律关系的义务主体，享有税法上的权利能力，而税收法律关系的内容由税法规定。较之自然人税收法律关系，公司税收法律关系的独特之处在于公司本身系由股东出资形成的社会组织。公司与股东均为独立的主体，在人格与责任上相互独立，但公司人格的独立与股东行为之间休戚相关：公司资本由股东出资组成、公司意志由股东决议形成、公司行为由股东及其他成员具体实施，因此，股东能够通过自己的行为影响甚至利用公司人格。公司人格与股东行为之间的这种既各自独立又相互联系的紧张关系，为股东滥用公司人格逃避税收提供了可能。从类型化角度看，股东滥用公司人格逃避税收的情形大致可以分为三大类：

---

① 黄茂荣：《税法总论——税捐法律关系》（第三册），台北：植根法学丛书编辑室，2008年，第762页。

② [日]松浦刚：《課税處分における法形式否認の限界》，转引自陈清秀：《税捐规避与处罚》，载《国政研究报告》，财金（研）099-011，2010年7月。

第一类是股东通过欺诈等手段侵蚀公司用于承担债务的资产，利用股东有限责任，最终达成逃避承担公司税负的目的。

第二类是股东以公司人格作为工具逃避税负的行为，在此种行为中，公司独立人格仅仅是达成逃税目的的工具，并不具备合理的商业目的，典型者如境外股东通过设立位于低税率或零税率地区的中间空壳公司间接转让中国公司股权的行为。

第三类是混同，可以表现为股东与公司之间资产或人格上的混同，也可表现于源于同一控制权利下不具备股权投资关系的公司之间的财产混同。此种情形下，由于股东与公司之间，或者公司与公司之间人格或资产缺乏明显的界限，使征税机关难以认定征税客体的归属主体，进而无法确认纳税主体。

3.2.3 逃避税收与税收规避的差异性：以滥用公司人格为例

针对滥用公司人格逃避税收的行为，我国既有研究资料倾向于认定该行为的性质属于税收规避并因此主张引入公司人格否认制度，①但这些研究成果没有解释认定滥用公司人

①陈少英教授认为，"随着我国市场经济的发展，公司数目不断增多，公司形式日益复杂，公司及其股东利用公司人格进行税收规避的行为日趋严重，其手段更加多样化并具有隐蔽性，损害了国家的税收利益，给社会经济造成不良后果"，参见陈少英：《论公司法人格否认制度在反避税中的适用》，载《法学家》2011年第5期；侯作前教授也主张税法适用公司人格否认的场合包括利用公司规避法律义务的情形，参见侯作前：《公司法人格否认理论在税法中的适用》，载《法学家》2005年第4期。

格逃避税收行为属于税收规避的理由。

由以上对税收规避行为及其性质的讨论可见，税收规避行为具有严格内涵，滥用公司独立人格和股东有限责任逃避税负行为与税收规避行为均系选择法律提供的"形式"达成部分或全部免于缴税目的，但股东滥用公司人格逃避税收并不属于严格意义上的税收规避行为，两者之间具有以下明显差异：

区别一，在税收债务的成立方面，行为人采取税收规避行为的意图在于利用法律漏洞，使应税事实的形式与税法规定的税收成立要件不符，从而规避税法适用，因此在征税机关运用实质课税原则之前，基于税收规避行为的纳税义务并未成立，只有在征税机关进行税法解释以弥补法律漏洞或者拟制与该规避行为相当的经济实质后，才能成立税收义务。相反，滥用公司人格逃避税收的行为，其行为本身事实如果采税收义务构成说而非权力说，则税收义务即已经成立，否认公司人格仅仅是把握税收义务的承担者而已。

区别二，在行为表现方面，税收规避行为的根本特征在于对法律漏洞的利用，亦即行为人利用税法规范文义范围所不能涵摄的形式，实现税法规范本欲课税的经济事实，借以减轻或免于承担税负的行为，因此并不涉及对公司独立法人格或股东有限责任的滥用。滥用公司法律人格逃避税收的行为则并非利用税法规定的漏洞，而是通过欺诈等侵蚀公司资产使公司人格形骸化或直接以公司独立人格作为工具达成减轻或免除税收义务，因此直接表现为对公司人格的滥用或者股东有限责任的滥用。

比如深圳市能源集团有限公司和深圳能源投资股份有限公司一次性共同转让深圳能源（钦州）实业有限公司100%的股权案，[①]其转让股权的行为即属于典型的税收规避行为。由于深圳能源（钦州）实业有限公司的资产主要表现资为土地使用权、地上建筑物及附着物，因此此次实质上是转让土地使用权和房产所有权，因此深圳市能源集团有限公司和深圳能源投资股份有限公司转让股权的行为实质上与我国《土地增值税暂行条例》第2条规定的行为无异，依据我国《土地增值税暂行条例》第1条规定，属于"规范土地、房地产市场交易秩序，合理调节土地增值收益，维护国家权益"应予课税的范围，但由于行为人以股权转让之名行转让土地使用权和房产所有权之实，其行为并不符合《土地增值税暂行条例》第2条规定的土地增值税纳税构成要件，严格依据税收法定原则，难以涵摄到该第2条规定的文义范围之内，故无须缴纳土地增值税。本案中行为人以股权转让形式达成土地使用权及房屋所有权转让之实质，旨在规避《土地增值税暂行条例》的适用以免于缴纳土地增值税，符合税收规避行为的典型特征。

但在此次股权转让中，深圳市能源集团有限公司和深圳能源投资股份有限公司并未滥用深圳能源（钦州）实业有限

[①]陈萍生：《企业资产业务重组涉水处理及运用策划》，百度文库，载http://wenku.baidu.com/view/1d646ef69e31433239689313.html，访问于2013年12月25日。

公司的独立人格和股东有限责任，这一点也为《国家税务总局关于股权转让不征收营业税的通知》（国税函〔2000〕961号）所确认，"在上述企业股权转让行为中，转让方并未先将钦州公司这一独立法人解散，在清偿完钦州公司的债权债务后，将所剩余的不动产、无形资产及其他资产收归转让方所有，再以转让方的名义转让或销售，而只是将其拥有的钦州公司的股权转让给受让方。在一系列的交易行为中，钦州公司始终居于的独立法人资格。"①该认定并为广西壮族自治区高级人民法院以（2002）桂行终字第29号行政判决书所确定。由此可见，税收规避行为并未滥用公司独立地位和股东有限责任，并不符合我国《公司法》第20条"滥用公司法人独立地位和股东有限责任损害公司债权人的利益"的规定，而仅仅是在行为方式上采取某种合法形式，利用税法漏洞而减轻或免除税收义务。严格依据税收法定原则，税收规避行为并不违反任何明确的税法法规，而系一种脱法行为。

区别三，在行为性质方面，税收规避行为通说系脱法行为，并不具有违法性和可处罚性，征税机关仅可依据经济观察法解释税法规定以弥补法律漏洞或者依据实质课税原则拟制行为的实质进行征税以否定行为人所采取的形式。相反，滥用公司独立人格和股东有限责任的行为并非利用税法规定的漏洞，而是通过侵蚀公司资产使公司人格形骸化或直接以

---

① 陈萍生：《企业资产业务重组涉水处理及运用策划》，百度文库，载 http：//wenku.baidu.com/view/1d646ef69e31433239689313.html，访问于2013年12月25日。

公司人格否认制度在税法中的适用研究

——基于反避税规则体系完善的视角

公司独立人格作为工具达成减轻或免除税收义务，行为本身具有违法性，违反我国《公司法》第20条规定的"不得滥用公司法人独立地位和股东有限责任损害公司债权人的利益"，比如重庆市国税局关于新加坡公司间接转让股权征收所得税案即属其例。

该案的基本案情是[①]：2008年新加坡B公司将全资控股公司C公司100%的股权转让给重庆A公司。控股公司C于股权转让前几个月设立，公司实收资本仅为100新加坡元，持有重庆D公司31.6%的股权，除此之外没有从事其他任何经营活动。因此，重庆市国税局裁定认为，B公司转让C公司股权的实质是转让重庆D公司31.6%的股权，股权转让所得来源于中国境内，我国具有征税权。在本案中，重庆市国税局查明股权转让的目标公司C公司成立于股权转让之前几个月，实收资本仅为100新加坡元，该公司持有重庆D公司31.6%的股权，除此之外没有从事其他任何经营活动，因此可以认定该目标公司的设立缺乏合理的商业目的，[②]新加坡B公司设立C公司的直接意图在于利用该公司的独立人格，以转让股权的方式转让该公司所持重庆D公司31.6%的股权，以规避我国税法的适用从而免除纳税义务。因此本案中C公司仅仅是新加坡B公

[①]关于该案的案情的描述参见：《渝中区国税局采取措施加强非居民税收管理》，载重庆市国家税务局网站，http://www.cqsw.gov.cn/jc-sx/20081127111.HTM，2013年11月23日最后访问。

[②]陈少英：《论公司法人格否认制度在反避税中的适用》，载《法学家》2011年第5期。

司实现向重庆A公司转让重庆D公司31.6%的股权过程中所使用的工具，属于滥用公司法律人格的典型行为，属于新加坡公司法所规定的"为了不正当的目的而滥用公司形式"①的违法行为。

区别四，从法律关系构成上看，税收规避行为涉及的是对法律关系形式的选择，采取合法的法律形式在主体之间形成合法权利义务关系，以达成行为的经济目的并规避税法的适用。而滥用公司法律人格逃避税收的行为则表现为对行为所涉及的法律主体独立人格的滥用或者股东有限责任的侵害。

在滥用公司人格逃避税负的场合，行为人滥用公司人格的行为通常表现为设立缺乏合理商业目的的目标公司，通过转让所持目标公司股权的方式，间接转移目标公司拥有的资产。例如利用不同国家或地区之间税法规定和税负的差异，利用在低税负的国家或地区转让所持目标公司股权的方式，间接地转让位于高税负国家或地区的财产，从而逃避本来应

---

① 《SINGAPORE COMPANY LAW》（《新加坡公司法》）："Persons incorporate companies for various reasons but, undoubtedly, one of the reasons is to insulate themselves from personal liability should the business fail.Accordingly, the mere fact that members or officers of a company utilize the corporate vehicle to shield themselves from personal liability is no —reason to disregard the company's separate personality - see Adams v Cape Industries plc [1990] 1 Ch 433.However, the position is different where the members or officers of a company abuse the corporate form for improper means."

在高税负国家或地区缴纳的税负。或者利用不同资产交易之间税法规定和税负的差异，通过转让所持目标公司股权的方式，间接地转让本应征税的资产，从而逃避直接转让该类资产所应缴纳的税负。然此两种行为均应强调目标公司缺乏合理的商业目的，也即该公司仅为达成此种逃避税负的目的而设立。若该公司本身具有合理的商业目的并实际开展与其经营范围相当的经营业务，则只能认为股权转让系一种名为转让股权实为转让资产以避税的行为，因而不能认定该行为滥用目标公司的人格。

区别五，从行为的法律后果的承担上看，对于税收规避行为，征税机关最多仅能依据经济观察法对既有税法规范进行类推解释以弥补立法漏洞或者依据实质课税原则另行拟制其行为的"经济实质"，从而否定该税收规避行为的形式并予以征税，因此法律后果仍由交易的行为人承担，并不发生承担主体与交易主体不一致的情况。而滥用公司人格逃避税收的行为，如果被认定缺乏正当商业目的或被认定为滥用股东有限责任，则法律后果往往由公司背后的股东承担，即穿透公司形式而直接把握公司法人背后的股东，以该股东作为税捐义务人。[①]

综上分析可见，滥用公司法律人格逃避税收的行为并非税收规避行为，因此立法和实务的应对方式也应当有所差别，且不能够简单地将滥用公司法律人格逃避税收的行为

---

① 陈清秀：《税法总论》，台北：元照出版社1998年版，第319页。

认定为税收规避行为进而得出应引入公司人格否认制度的结论。

3.3 公司人格否认制度与反避税规则的功能协同

股东滥用公司人格和有限责任进行逃避税收行为主要表现为：股东利用欺诈等手段侵蚀公司资产，滥用股东有限责任逃避税收；以公司独立人格为工具，滥用公司的独立法人资格逃避税收；利用股东与公司的资产或人格的混同逃避税收。这一问题已在上节中进行详细分析。然而，以上逃避税收行为与一般反避税条款的关系如何？启动一般反避税调查的认定标准为何？一般反避税条款所涵盖的反避税内容是否已经足以应对滥用公司人格和有限责任逃避行为？若是不足以应对，两者的关系如何处理？这些问题都将成为将公司人格否认制度引入税法领域不得不加以深入讨论的问题。

3.3.1 税法中反避税规则的现状及评析

企业作为营利性组织，往往采取增加利润收益、减少企业支付成本的方式以实现自身利益的最大化。税收作为企业成本之一，在利益的驱使下，形式多样且繁杂的避税行为应运而生。从国际国内的立法和实务进行分析主要存在以下几种反避税方式：

（一）转让定价税制

转让定价是跨国总公司与其各分支机构、母公司与子公司之间以及各分支机构、各子公司之间，人为采取有别于正常交易价格的定价方法订立内部交易结算价格，转移利润，逃避国际纳税义务的行为。现代意义的转让定价概念经历了内部转让定价至国际转让定价的演变和发展过程。内部转让定价是在经济发展的不发达阶段,企业为中间商品或服务确认价值,促进创造利润各部门之间的交易而形成的。[1]而今,转让定价通常是指跨国公司的转让定价行为,跨国公司利用世界各国(地区)的税收利率的差异,确定转让定价,降低高税率国家(地区)的公司对位于低税率国家(地区)公司的销售价格、费用或收费标准;相反地抬高低税率国家(地区)的公司对高税率国家(地区)的销售价格、费用或收费标准,以此对各关联公司之间的收入和费用进行配置,利润从高税率之地流向低税率之地,从而降低跨国公司全球范围内的整体税负,实现整体利润最大的目的,完成其全球经营战略目标。

跨国公司利用转让定价方式以逃避税收,因其操作方法具有一定的隐藏性,给税务机关的征管活动带来了一定的难度。税务机关确定跨国公司内部之关联企业之间是否存在转让定价行为应以是否符合"正常交易原则"作为核心判断要件。[2]只有当关联企业之间不符合正常交易原则,税务机关才可依《企业所得税法》之规采取合理方法对转让定价行为进行调整,即按照可比非受控价格法、再销售价格法、成本加成法、利润分割法等其他符合独立交易原则的方法。

---

① Jiambalvo.J: .Mana gerial Accounting, .NewYork, NY: Wile, 2001.

②Nearon Bruce H: Intangible assets: framing the debate, The CPA journal, January 2004, Vol.74 Issue 1.

（二）反资本弱化税制

资本弱化是跨国公司通常采用的避税方式之一，不仅涉及国际税收问题，同样也涉及国内税收问题。[1]资本弱化又被称为股份隐藏，是指公司投资者为达到避税或其他目的，在公司资本结构的选择上，采取增加债务性融资比重，减少股权性融资的方式。其在税法上的结果是增加利息的税前扣除，减少股息所应缴纳的所得税，从整体上增加了公司成本的扣除，有助于公司利润的最大化。

公司股权资本与债务资本的比例是1∶1时被称之为最佳的股权/债务比，[2]按照这一最佳标准配比，当公司股权资本增加量小于债务资本增加量，或债务资本减少量小于股权资本减少量时，就有可能会被认为资本弱化。为减少资本弱化对税收利益和经济运行环境的影响，美国、英国、德国、澳大利亚等多个国家均存在相关的资本弱化税制。如美国早在1976年就有关于资本弱化税制的规定，在此后制定的《收入调和法案》对资本弱化问题作了进一步规定，其中将公司在纳税年末的股本/债务比例超过1∶1.5界定为不允许扣除的"不和规定的利息"。[3]我国目前的税收理论缺乏对反资本弱化的相关制度，在借鉴发达国家成熟理论的基础上应建立、完善资本弱化税制，具体方法为：（1）确立安全港原则，

---

①刘磊：《论资本弱化税制》，载《涉外税务》2005年第10期。

②马海涛、龙军：《资本弱化：理论、现状及其政策选择》，载《财贸经济》2007年第7期。

③杨荣军：《资本弱化税制研究》，华东政法大学2008年硕士学位论文。

固定股权资本与债务资本比例，可借鉴美国股权/债务比例的相关规定；（2）明确股权/债务比例的计算方法；（3）采用正常交易原则作为企业股权和债务融资的判断标准等。

（三）反避税港税制

随着我国经济的发展，企业经济实力的加强，我国企业"走出去"的势态逐渐明显，对外直接投资的企业和投资量也呈现快速发展之势。据商务部《2008年中国对外直接投资统计公报》的数据显示，我国对外直接投资中绝大部分投资资金流向了避税港地区，如开曼群岛、英属维尔京群岛等，总额占全部对外投资存量的81.5%。[1]滥用离岸避税给美国可造成每年1000亿美元的损失。[2]我国目前对采取避税港避税行为进行规制的相关法律规定不明确。其中，何为避税港？其认定标准为何？这些都是反避税港避税制度建立过程中必须加以详细考察的问题。借鉴国外之经验，如德国将有效税率低于30%的29个国家或地区认定为避税港；法国将有效税率低于本国税率2/3（即28%）的38个国家或地区认定为避税港；日本将有效税率低于本国税率一半（即25%）的33个国家或地区认定为避税港。[3]

---

①高宇：《中国企业对避税港的直接投资动因分析》，载《国际经济合作》2010年第8期。

②Jane G.Gravelle: Tax havens: International tax avoidance and tax evasion, National Tax Journal, Volume 62, Issue 4, 2009.

③胡新建：《论避税港的认定及反运用避税港避税立法》，载《特区经济》2009年第10期。

避税港避税是国际避税的重要形式，从国际避税形式的发展来说，世界许多国家都对此作出反应，制定出相应的法律法规以应对采取避税港避税之行为。我国《企业所得税法》第四十五条①正是对这一国际避税形式作出的回应，但由于该规定过于笼统，如何为"明显低于"、哪些应当计入当期收入等都未有明确界定，其不能真正指导实践中对避税港避税行为进行打击。因此，借鉴西方关于反避税港避税制度，完善我国的反避税港避税立法就变得非常重要。

（四）反滥用税收协定税制

税收协定是指有关国家之间订立的旨在处理彼此税收收益分配和征管问题的协议。其订立的初衷是为避免对缔约国企业进行双重征税，以保护缔约国企业和经济的发展，维护税收公平原则。而一些非缔约国企业为追求自身经济利益，为获得缔约国的税收优惠待遇，在缔约国一方设立具有缔约国国民身份的"导管公司"，间接地享受缔约国的税收优惠待遇，从而减少或免除了其跨国所得所应承担的税收义务，因此，滥用税收协定便应运而生。我国于1983年与日本签订了第一个双边税收协定。截至2009年12月31日，我国与89个

---

①2008年修订的《中华人民共和国企业所得税法》第四十五条规定："由居民企业，或者由居民企业和中国居民控制的设立在实际税负明显低于本法第四条第一款规定税率水平的国家（地区）的企业，并非由于合理的经营需要而对利润不作分配或者减少分配的，上述利润中应归属于该居民企业的部分，应当计入该居民企业的当期收入。"

国家签订了正式的税收协定。[1]

滥用税收协定与其他的通过实施一些税收安排或实行一定的行为从而达到避税之目的的避税方式不同，它是一种通过改变主体身份，即由非缔约国身份间接变成缔约国身份的特殊避税行为。OECD报告曾经明确指出，滥用税收协议的行为会改变缔约国基于税收协议的平衡，违背税收对等原则，并且会严重影响收入来源地国家的税收利益。[2]

目前我国反滥用税收协议的国内法规制措施主要依靠《企业所得税法》中"一般反避税条款"的适用，而国际法上的规制措施主要来源于OECD税收协定范本注释及其他国家缔约的税收协定。[3]目前跨国公司滥用税收协定现象的增多与我国现阶段立法的缺失之间存在较大的差距，因此，建立和完善反滥用税收协定法律制度就成为一个亟待解决的问题。

（五）一般反避税条款

2008年实施的《中华人民共和国企业所得税法》专章规定了特别纳税调整，除对转让定价、受控外国公司、资本弱

---

①来源于国家税务总局网站：http://www.chinatax.gov.cn/n8136506/n8136593/n8137537/n8687294/8688432.html，访问于2013年9月2日。

②OECD Committee on Fiscal Affairs, International Tax Avoidance and Evasion, Four Related Studies, Issues in International Taxation Series, No.1, OECD, Paris, 1987, p.90.

③王晓慧：《论国际税收协定的滥用及规制——以受益人利益限制条款为视角》，华东政法大学2011年硕士学位论文。

化、税收协定等特别反避税行为的规定外，其第四十七条引入了"一般反避税条款"，为税务机关打击税法中尚未规制的各新型税收规避行为提供了法律依据。其第四十七条规定："企业实施其他不具有合理商业目的的安排而减少其应纳税收入或者所得额的，税务机关有权按照合理方法调整。"此外，我国《企业所得税法实施条例》第一百二十条对"不具有合理商业目的"进行了界定，指出"不具有合理商业目的"是以减少、免除或者推迟缴纳税款为主要目的行为。

"一般反避税条款"作为《企业所得税法》特别纳税调整部分的兜底性条款，相对于特别反避税条款，它是一般防范性规定，并不针对某一特定的行为方式，而是试图以法律规定的形式，通过描述要件内容来涵盖违反立法意图的所有避税行为，并指引行政机构、司法机关认定避税行为，重构正常合理的纳税行为。[①]关于其法律性质的界定存在两种不同的观点。一种观点认为一般反避税条款是对法律漏洞的补充；[②]另一种观点认为是法律的解释。本书支持前者的观点，认为，一般反避税条款是对法律漏洞的补充，是对特别纳税条款所不能涵盖的新型税收规避行为予以规制的填补。因此，一般纳税条款避免了以特殊反避税条款应对纷繁多样的避税行为导致的税法庞杂性，能够有效避免因税法滞后性所

[①] 张晓婷：《实质课税原则的制度实现——基于企业所得税法文本的考察》，载《财贸研究》2010年第5期。

[②] 李茜、韩瑜：《〈企业所得税法〉一般反避税条款评析》，载《涉外税务》2008年第8期。

导致的对新型避税行为应对不能的困境，并能对各个特别反避税条款产生协调作用。①相比特别反避税条款，一般反避税条款具有适用范围宽泛性、适用内容不确定性的特点。因此，税务机关在实际操作过程中拥有较大的自由裁量权，容易造成滥用权力的后果。为限制权力的扩大，防止不良后果的发生，在处理特别反避税条款与一般反避税条款时应秉承特别法优于普通法的原则，即若针对某一避税行为，特别反避税条款有规定的，应首先适用特别反避税条款，而不能首先适用一般反避税条款。②

3.3.2　公司人格否认与一般反避税条款的关系

在税法反避税规则体系中，转让定价税制、反资本弱化税制、反避税港税制、反滥用税收协定税制、一般反避税条款等规则和制度在较大程度上对税收规避行为发挥着作用。其中，公司人格否认与一般反避税条款的关系是较为重要的一种关系，所以需要对两者之间的相互作用关系进行比较。

（一）一般反避税条款适用的认定标准

一般反避税条款的确立有助于行政机关、司法机关对税法尚未规定的新型的避税行为予以规制。这是一般反避税条款在《企业所得税法》中以成文法的形式所体现出来的最大意义。我国《企业所得税法》的第四十七条规定作为特别纳

---

① 汤洁茵：《〈企业所得说法〉一般反避税条款适用要件的审思与确立》，载《现代法学》2012年第5期。

② 张颖：《从拉姆齐原则看"合理商业目的"》，载《首席财务官》2007年第9期。

税调整部分的兜底性条款，对一般反避税的要义进行阐释。此后，我国《企业所得税法实施条例》第一百二十条对"不具有合理商业目的"进行界定，详述之为：企业以减少、免除或推迟纳税为主要目的，进而实施一系列的交易安排。至此，我们可以看出，纳税主体实施的行为是否具有"合理的商业目的"成为税务机关适用一般反避税条款，认定是否是避税行为，是否启动反避税调查的关键点或核心要素。而《特别纳税调整实施办法（试行）》第93条规定："若企业存在滥用税收协定、滥用税收优惠、滥用公司组织形式、利用避税港避税以及其他不具有合理商业目的的安排，税务机关可以依据上述规定对其启动一般反避税调查，按照实质重于形式的原则审核企业是否存在避税安排。"该规定前半段以"不具有合理商业目的"作为启动特别纳税调整的判断标准，后半段又提出按照"实质重于形式"的原则审核企业是否实施了避税安排。至此，认定一项交易是否存在避税安排应以"不具有合理商业目的"为标准，或是以"实质重于形式"为标准，或是同时兼顾两个标准，没有一个明确的答案。我国共有7个法律条文对一般反避税调查的启动、实施程序、认定标准、考虑因素、法律后果作出规定。[1]加之一般反避税条款与其配套的法规之间存在着矛盾和冲突。对于"不具有合理商业目的"和"实质重于形式"何者是一般反避税的

---

①汤洁茵：《〈企业所得说法〉一般反避税条款适用要件的审思与确立》，载《现代法学》2012年第5期。

认定标准正体现着一般反避税条款与其配套的法规之间存在的矛盾。

何谓"不具有合理商业目的"？该原则源自英国由判例形成的"拉姆齐原则"。[①]《企业所得税实施条例》第一百二十条对此进行解释，不具有合理商业目的是指以减少、免除或推迟缴纳税款为主要目的。《特别纳税调整实施办法（试行）》第九十二条采用列举的方式对不具有合理商业目的作了进一步解释。[②]由于法律规定的高度抽象性和概括性，对"不具有合理商业目的"的判定仍然处于笼统和模糊的边界之中，其适用更多的是依赖实践经验、法律环境乃至执法人员的专业素质。[③]

由于我国税法中无实质课税原则的一般性立法表述，在税务总局的规范性文件中使用更多的是"实质重于形式"一词。例如：《国家税务总局关于缴纳企业所得税的新办企业认定标准执行口径等问题的补充通知》（国税发〔2006〕103号）第五项、《关于印发〈减免税管理办法（试行）〉的

---

①张颖：《从拉姆齐原则看"合理商业目的"——对新企业所得税法相关反避税条款的探讨》，载《首席财务官》2007年第9期。

②该规定为："税务机关可依企业所得税法四十七条以及企业所得税法实施条例一百二十条对采取以下避税安排的企业，启动一般反避税调查：（一）滥用税收优惠；（二）滥用税收协定；（三）滥用公司组织形式；（四）利用避税港避税；（五）其他不具有合理商业目的的安排。"

③吴振宇：《"合理商业目的"辨析》，载《国际税收》2013年3期。

通知》（国税发〔2005〕129号）第二十五条、《企业资产损失税前扣除管理办法》（国税发〔2009〕88号）第四十五条规定、《国家税务总局关于确认企业所得税收入若干问题的通知》（国税函〔2008〕875号）第一项规定等规范性文件。然而国家税务总局却无何为"实质重于形式"的明确界定。相反，《企业会计准则》（2006）第十六条却对实质重于形式原则的进行了界定，"实质重于形式"是指："企业应当按照交易或事项的经济实质进行会计核算，而不应当仅仅按照它们的法律形式作为会计核算的依据。"因此，我国税法实践中使用的"实质重于形式"来源于企业会计准则，其基本内容是强调以企业交易或事项的经济实质作为计税和税务稽查的基准，而不应当仅仅按照它们的法律形式。

综上对"不具有合理商业目的"和"实质重于形式"原则的考察，前者探求的是纳税人从事交易的主观意图是为获得规避税收，除此之外不具备其他的经济、商业目的。[1]而后者探求的是纳税实施的具体行为的客观评价，强调当法律形式与经济实质不一致时应把握其内在实质。不同国家立法采取了不同的认定标准，[2]如加拿大以"不具有合理商业目的"作为一般反避税适用的认定标准，美国采取的是"不具

---

[1]汤洁茵：《〈企业所得说法〉一般反避税条款适用要件的审思与确立》，载《现代法学》2012第5期。

[2]See Zoe Prebble & John Prebble, Comparing the General Anti-Avoidance Rule of Income Tax Law with the Civil Law Doctrine of Abuse of Law, 62 BULL.FOR INT'L TAX'N 151 (2008).

有合理商业目的"与"实质经济主义"双重的认定标准。①
笔者认为，虽然两者在文义表述、探寻路径上存在不同，但
关键之处均是对纳税人实施的以减少或免除税收为目的的行
为的否定，指引税务机关把握住纳税人交易行为的经济实
质，体现的是"实质课税原则"的法意。采取双重认定标准
既能规制形式多样的税收规避行为，又能避免一般避税条款
与特别避税条款的冲突，还能更好地体现税法及相关法规的
立法目的。

（二）公司人格否认与一般反避税条款的关系

公司人格否认与一般反避税条款的关系可以从两方面进
行探讨：

一方面是一般反避税条款认定标准的内容是否涵盖滥用
公司人格的逃税行为。由以上对一般反避税条款认定标准的
分析，无论是采用"不具有合理商业目的"或是"实质重于
形式"，或是两者兼具的双重认定标准，均涉及对税法条款
的解释以及对税收事实的重新认定。详述之，一方面，两种
认定标准以应对税收规避行为所进行的税法目的解释是为弥
补法律漏洞，进而将本具有脱法性质的新型税收规避行为转
化为税法所规范的行为，进而征税。公司人格和有限责任滥
用的逃避税收行为，其本身并未利用法律漏洞，而系以公司
人格作为工具或者侵蚀公司资产以逃避已经成了的税收义

---

①See Christopher M.Pietruszkiewicz, Economic Substance and the
Standard of Review, 60 ALLR 339, 339 (2009)。

务。此时，为适用一般反避税条款所进行的扩张解释或缩小解释均无法适用于此种情形。另一方面，滥用公司人格或股东有限责任逃避税收的行为本身并不存在独立于该滥用行为以外的所谓"经济事实"或"经济实质"，即使对税收事实的重新认定也将是徒劳无功的。

另一方面是一般反避税条款相关的税法规定。我国《企业所得税法》第四十七条之规定确立了"不具有合理商业目的"作为一般反避税条款适用的判断规则。《企业所得税法实施条例》第一百二十条对"不具有合理商业目的"进行了界定。国家税务总局《特别纳税调整实施办法（试行）》第九十二条采取简单列举的方式将滥用公司组织形式判定为是"不具有合理商业目的"的安排。而股东滥用公司人格逃避税收的情形之一，即是股东以公司人格作为工具逃避税负的行为。在此种行为中，公司独立人格仅仅是达成逃税目的的工具，并不具备合理的商业目的。具体而言，当股东将公司人格作为逃避税负的工具时，既构成对公司人格的滥用，可以适用公司人格否认制度，也构成对组织形式的滥用，可以适用一般反避税条款。从这层意义上分析，公司人格否认与一般反避税条款在内容上存在一定的交叉和重叠。

然而，在实务中，对交叉重叠的逃税行为究竟采取何种反避税制度，是择一即可抑或是某种制度具有适用的优先性？本书的观点是，公司人格否认制度是公司法上一项比较成熟的制度，其相关的理论研究比较深入，在司法实务中适用得也比较多。而一般反避税条款作为反避税制度中的一项兜底性规定，其具有适用范围宽泛性、适用内容不确定性的特点，税务机关在实际操作过程中拥有较大的自由裁量权，极易造成滥用权力的后果。一般反避税条款所具有的宣示性作用更能为人们所体会。因此，本书认为，当股东滥用公司人格，将公司人格仅为达到逃避税负的目的时，适用公司人格否认更简单、明确和低成本。

3.3.3　公司人格否认对反避税规则的补充

本书已在上节内容中对股东滥用公司人格逃避税收的三大类情形进行了类型化分析，即第一类是股东通过欺诈等手段侵蚀公司用于承担债务的资产，利用股东有限责任，最终达成逃避承担公司税负的目的；第二类是股东以公司人格作为工具逃避税负的行为，在此种行为中，公司独立人格仅仅是达成逃税目的的工具，并不具备合理的商业目的，典型者如境外股东通过设立位于低税率或零税率地区的中间空壳公司间接转让中国公司股权的行为；第三类是混同，可以表现为股东与公司之间资产或人格上的混同，也可表现于源于同一控制权利下不具备股权投资关系的公司之间的财产混同。此种情形下，由于股东与公司之间，或者公司与公司之间人格或资产缺乏明显的界限，使征税机关难以认定征税客体的归属主体，进而无法确认纳税主体。

通过对一般反避税条款的功能和认定标准的分析，其在反避税中适用的范围不足以完全应对滥用公司独立人格和股东有限责任逃避税收行为。换言之，一般反避税条款的反避税模式与公司人格否认反避税模式采取的反避税路径是不同的，任何一方都无法取代另一方在反避税过程中的作用。具体来说，当出现股东通过欺诈手段侵蚀公司资产，构成对股东有限责任的滥用时，或当股东将公司人格作为逃避税收的工具时，或当公司与股东人格混同时，可直接适用公司人格否认制度，责令股东为公司的逃税行为负责。而出现除以上三种情形之外的其他的公司实施的不具有合理商业目的的税收安排时，则应启动一般反避税制度。

总体来说，我国目前税法中的反避税制度已经较为完善，形成了集转让定价税制、反资本弱化税制、反避税港避税制、反税收协定税制、一般反避税条款和实质课税原则为一体的全面的反避税规则体系。公司人格否认作为公司法上的一项重要制度，通过在特定税收法律关系中，否定公司独立之人格，责令股东为公司的逃税行为承担责任。公司人格否认制度俨然已经具有反避税的特性，是反避税之公司法模式，是对既有的反避税之税法模式的补充。为遏制和防范各类逃税行为，全面保障国家的税收利益，应积极构建公司法与税法相结合的反避税模式。

3.4 公司人格否认制度在反避税领域的理论争议及可适用性

由于滥用公司法律人格逃避税收的行为与税收规避行为外观上具有相似性，学者们就是否可以用实质课税原则予以应，对抑或应引入公司人格否认制度等问题，观点差异较大，总体上形成了"肯定说"和"否定说"两种针锋相对的观点。

3.4.1 肯定说：公司人格否认能够适用于税法领域

以日本学者小树芳明为代表的学者主张公司人格否认能够适用于税法领域，认为公司人格否认制度能够适用于税法，但鉴于具体适用于何种场合或领域是个难以回答的问题，故特别强调应依据具体情况或场合鉴别性适用，并认为当法人本身设立无效或其最初设立以减少或逃避税收为目的的可以适用法人格否认，除此之外，都应当谨慎适用。[1]我国台湾税法学者大都赞同小树芳明的观点。陈清秀先生认为，具有税捐义务的法人，其设立或存在仅以逃避税收为目的，仅属于一种外观的法律形式而实际并为从事任何经济上的活动，则可能被认为是虚伪的行为不生效力，或属于法律上形式的滥用而被否认，即穿透公司形式而直接把握公司法人背后的股东，以该股东作为税捐义务人。[2]同样，黄茂荣先生也认为，如果股东滥用营业人和营业事业，税捐征税机关可以基于"穿透说"的理论要求有责任之成员承担税捐给付义务。[3]

在我国，有关公司人格否认制度在税法领域适用的研究目前还处于起步阶段，各位研究者对此项问题都有自己独特的见解和分析框架。陈少英教授通过对非居民企业间接转让股权进而避税的两个案例的实证分析，认为公司人格否认制

---

①[日]小树芳明：《法人税法概说》，有斐阁1980年版，第18页。

②陈清秀：《税法总论》，台北：元照出版社1998年版，第319页。

③黄茂荣：《税法总论》，台北：植根法学丛书编辑室，2002年，第269页。

度在我国税法中实际上已经有相关的规定并已运用于实践中。公司人格否认在反避税中适用主要有两个场合，即利用公司规避法律义务和公司人格形骸化，为保障国家税收利益，实现税收正义，公司人格否认制度能够更好规制企业的避税行为，在反避税中发挥重要作用。①王震认为将公司人格否认引入税法具有可行性和必要性，对防止股东逃避税收、规避税收责任具有十分重要的现实意义。②侯作前教授从法人制度的价值和实质课税原则与公司人格否认的关系等方面分析认为，公司人格否认理论引入税法具有正当性，但也存在合法性问题，应通过法定原则、程序保障原则和生存权保障原则予以合理限制。③李刚在关于税法与私法关系探源的过程中以及在提倡建设现代税法学理念的大背景下认为，一方面税法应充分地尊重私法自治，另一方面，在民商事主体滥用私法自治，以脱法行为逃避税收负担时，税法则要在其制度中充分结合某些私法制度，如公司人格否认制度、代位权、撤销权制度等，以透过私法行为的表面发现其实质的经济目的④。

---

① 陈少英：《论公司法人格否认制度在反避税中的适用》，载《法学家》2011年第5期。

② 王震：《税收——如何揭开公司面纱》，载 http://www.fsou.com/html/text/art/3355789/335578943.html，访问于2013年10月25日。

③ 侯作前：《公司法人格否认理论在税法中的适用》，载《法学家》2005年第4期。

④ 廖益新、李刚、周刚志：《现代财税法学要论》，北京：科学出版社2007年版，第58页。

3.4.2 否定说：实质课税原则应规制逃避税收

日本税法学者则倾向于以实质课税原则应对滥用公司人格逃避税收的行为，而不赞同否于税法领域引入公司法上的公司人格否认制度。

具体而言，持否定说的学者认为，实质课税原则在规避税收、保障国家税收利益过程中体现出的举足轻重之作用，认定当"外观与实质"或"形式与本质"不一致的情形下，应剥去伪装行为，把握其真实的法律关系并在税法上予以确认即可，不存在公司人格否认的问题。当那些为逃避税收而成立的法人，是否可以适用法人格否认制度否认公司的独立人格，让本应归属于公司的所得列为公司成员的个人所得予以纳税。日本学者北野弘久认为，当公司只是交易法律关系的形式主体，其实际管理经营能力和控制运作能力被法人的成员或事业主体所替代时，在课税上应认定为公司成员个人的所得，而不需要认定为公司的所得，因此，在这层意义上说，这种情况根本不涉及公司人格否认的问题，只需要将真实的法律关系予以把握并在税法上去确认即可。[1]日本学者金子宏也支持依据税法适用的实质课税原则，按照真实的法律关系去确认纳税所得，并不涉及适用公司人格否认的问题。另外，在此基础上强调当事实关系与法律关系的"形式与本质"或"外观与实质"不一致的情况下，把握真实的

---

[1][日]北野弘久：《税法学原论》，陈刚、杨建广等译，北京：中国检察出版社2001年版，第89页。

法律关系所应具有的极其重要性。伪装行为对于课税不具有任何意义。[①]日本学者岸田雅雄认为，公司人格否认制度是私法领域中的一项制度，其适用应按照严格的适用标准，是对公司或股东（实际控制人）与债权人利益失衡情形下修正过程中的例外适用，而税法是公法，该项制度本身能否冲破公法与私法之界限适用于公法领域本身就是值得商榷的。[②]

3.4.3 本书之观点：公司人格否认制度应适用于税法领域

笔者认为，是否应引入公司法上的公司人格否认制度应对滥用公司人格逃避税收的行为，主要取决于两个方面的考虑。

首先，实质课税原则的有效运用范围问题。实质课税原则是否能够应对公司适用于滥用公司人格逃避税收的行为，如果能够应对，则没有必要摒弃税法上已经成熟的理论而舍近求远，寻求公司法上的制度支持。如果实质课税原则不能够应对公司适用于滥用公司人格逃避税收的行为，则需要进一步考察公司人格否认制度是否能够适用于税法领域，亦即需要考察公司人格否认制度引入税法的理论基础是否成立。根据上文分析，笔者认为，实质课税原则在公司人格否认中适用具有一定的局限性，如时代局限性、适用范围局限性、功能定位的局限性等。因此，实质课税原则并不能完全地对

①[日]金子宏：《日本税法原理》，刘多田等译，北京：中国财政经济出版社1989年版，第112页。

②[日]岸田雅雄：《会社税法》，悠阁社1997年版，第184-185页。

税收规避行为进行有效规制。

其次，现行反避税规则体系并不能完全对逃避税收行为进行全面调整。上文我们已经分析了现行反避税规则体系对税收规避行为的调控，但毫无疑问的是，现行反避税规则体系中，公司人格否认制度仍有适用的空间，所以，公司人格否认制度具有较大的可适用性。

最后，公司人格否认制度在防止逃避税收行为中具有自身不可替代的功能优势。公司人格否认制度虽然是公司法上的一项制度，是为了保护债权人利益而进行的制度设置，但是税收之债也可以在一定程度上视为普通的债权，所以，在特定情形下，公司人格否认制度在防止税收规避行为中具有自身不可替代的功能优势。

3.5　本章小结

本章通过考察公司人格与公司纳税主体资格的关系以及公司税务法律关系的特殊性，从而揭示了利用公司人格逃避税收行为存在的制度根源。前文分析表明，公司人格是公司具备纳税主体资格的前提，而公司与股东均为独立的主体，在人格与责任上相互独立，但公司人格的独立与股东行为之间休戚相关：公司资本由股东出资组成、公司意志由股东决议形成、公司行为由股东及其他成员具体实施，因此股东能够通过自己的行为影响甚至利用公司人格。公司人格与股东行为之间的这种既各自独立又相互联系的紧张关系，为股东滥用公司人格逃避税收提供了可能，为公司人格否认适用于税法做好了基础理论铺垫。本书从两方面阐述公司人格否认于税法领域的适用性问题：

一方面，基于滥用公司人格逃避税收与税收规避的差异性：从税收规避的概念着手分析税收规避的性质，通说认为税收规避是一种脱法行为，是与法律的目的相抵触，但在法律上缺乏加以适用的具体规定的行为。在理论和实务方面，对税收规避行为进行法律规制，有的学者主张采用实质课税原则，有的学者主张援引公司人格否认制度。详细分析滥用公司人格逃避税收与税收规避在税收债务的成立、行为表现、行为性质、法律关系构成、行为法律后果这几方面存在的不同，能够得出由于股东滥用公司人格逃避税收的行为并非税法上的税收规避行为的结论。因此，对税收规避的规制措施无法应对滥用公司人格和股东有限责任逃避税收的行为，于此为公司人格否认制度适用于税法提供了理论依据。

另一方面，基于公司人格否认与税法中反避税规则的功能协同：我国2008年实施的《企业所得税法》专章规定了特别纳税调整。通过对转让定价税制、反资本弱化税制、反避税港避税制、反滥用税收协定税制和一般反避税条款等税法中反避税规则的梳理，总结出除一般反避税条款之外的每一项反避税规则都是针对企业所实施的某一项避税安排而有针对性地进行规制和打击，其规制行为的特定性和专一性决定了这些反避税规则对滥用公司人格和有限责任的逃税行为的无能为力。值得注意的是，从一般反避税条款相关的税法规定，其作为一项兜底性条款，具有适用范围广的特点。本书通过对一般反避税条款的功能和"不具有合理商业目的""实质重于形式"双重认定标准进行分析，认为一般反避税条款与公司人格否认制度所规制内容在一定程度上存在交叉和重叠，如通过设立目标公司进行股权转移的情形，但对其他的滥用公司人格和有限责任逃避税收行为则无所适从。而现实生活中，滥用公司人格和有限责任逃避税收的行为呈现出普遍发展之势，基于现实规制的需要，本章认为，公司人格否认应成为反避税规则之一，以弥补税法中反避税制度的不足。

关于公司人格否认于税法领域的适用存在不同的学说争议。本书基于对以上基础性问题的分析，认为在税法领域引入公司人格否认制度存在理论基础，否定将该项制度引入税法的观点是站不住脚的。

4 公司人格否认制度
适用于税法领域的制度逻辑

公司人格否认制度作为公司股东滥用公司独立人格和股东有限责任的一项修正制度。当公司股东滥用公司独立人格规避税收法律义务、损害国家税收利益时，可否使用公司法上的人格否认制度，拒绝承认公司独立之人格地位，使公司股东为公司实施的规避税收行为并致使国家税收利益遭受损失而承担法律责任已经成为近几年讨论的热点话题。然公司人格否认制度属于民商法上的制度，而税法为公法，二者何以能够结合？如何结合？此种结合有何意义？这些疑问均为论证公司人格否认制度在税法上适用而不可回避的基础问题。

本章拟先讨论公司人格否认制度适用于税法的理论前提，据以回答第一个疑问；然后从税收债务关系的视角讨论税收权利的债权性质与纳税义务中的诚信义务，据以回答第二个疑问；在此基础上分析于税法领域引入公司人格否认制度在统一法秩序及彰显税收正义上的效果，据以回答第三个疑问。

4.1 公司人格否认制度适用于税法领域的理论前提

现代税法强调税收法定及纳税人权利保障。因此，论证国家为了获得财政收入而有权否定公司的法人格的正当性，以及此种民商法上的制度能够适用于税法而不至于破坏法律体系的内部和谐性是主张公司人格否认制度适用于税法领域的前提，而不能当然以此种引入能够带来防止税收逃避的实效而主张其适用。因此，讨论公司人格否认制度适用于税法领域的理论前提变得十分重要。

4.1.1 理论前提之一：现代税收国家理论

现代税法上，国家作为征税人与私人作为纳税人之间的关系是建立在税收国家理论基础上的。依据税收国家理论，国家放弃参与市场经济活动，不直接通过参与经济活动获取财政收入，而是主要依赖于对市场交易过程与结果进行征税以保障财政来源。与此同时，"人民以履行纳税义务，作为享有经济自由与财产权保障的对价"。国家征税权力与人民的纳税义务因之获得正当性，因此租税国理论是现代税法诸项制度建立的基础。欲于税法领域引入公司人格否认制度以穿透被滥用的公司人格径直把握股东承担纳税义务，必须以国家征税权力和人民纳税义务具有正当性作为前提，否则无法解释国家何以为了获得财政收入而有权否定公司的法人格。

从直观上看，但凡国家必然向私人征税，而私人也当然具有纳税义务，所谓"惟死亡和税收不可避免"。然观诸历史及现实，国家筹集财政来源的方法并非税收一种。国家未必以税收作为维持财源的主要途径，除税收以外，国家尚可以采取运营企业、垄断行业经营、发行国债、设置规费、征收纳贡、强制徭役甚至滥发货币等诸多手段获得财政收入。我国春秋时期管仲即提出"官山海"以获取财政收入富国强兵的主张，从西汉初年开始推行的"盐铁官营"制度更主张国家垄断盐铁经营，而现代中东一些石油国的财政收入也主要依赖垄断石油而非税收。

　　税收国家理论引发热议源于德国第一次世界大战后关于如何筹措财政资金偿还战争债务的争论。面对战败所生巨额战争债务，德国学者Rudolf Goldscheid提出传统的征税手段不足以筹集足够资金予以承担，国家须转而涉入经济活动以获取营利收入，成为具有资本能力的经济国。[1]此种主张国家介入生产经营的观点因触及私人经济体制的安危而备受争议，其中熊彼得1918年发表的《税收国家之危机》一文指出，税收与现代国家同时诞生与形成，现代国家以作为经济主体的个人追逐私益动机而形成的私有经济基础上，国家财政支出越高，越需要依赖个人追逐自我利益，而不能反行其道以战争债务为借口干预私人财产与生活方式。[2]

（一）税收国家理论的社会基础

　　一般认为税收国家理论以国家与社会的二元论作为社会

---

①葛克昌：《租税国的危机》，厦门：厦门大学出版社2016年版，第97页。

②葛克昌：《租税国家》，载《月旦法学教室》，2006年第5期。

基础。欧洲从十八世纪开始，宗教与国家分离，国家与经济分离，在国家及国家所塑造的政治秩序之外，逐渐发展出带有独立结构的生活领域，即所谓市民社会，而国家存在的价值在于维持公共秩序、维护公共利益和社会正义。①此种国家与社会的二元分立及其理论因之成"为大陆法系国家法体系所依恃之意理基础"，②在国家与社会的二元分立下，社会被理解为先于国家存在的自发形成秩序，是受私法自治原理支配的个人或团体向追逐自我目标和自由发展的领域，有免受国家支配之自由，而国家被理解为具有目的的理性，有权制定规范，拥有法定组织的人为统治集团。③

基于此种对社会与国家的不同理解和定位，社会中的私人与国家秩序中的国家具有不同的行为导向：社会中的私人倾向于利益导向模式，行为人的决策重在对自我利益的追求，其行为为尽可能达成其私人利益而不考虑价值取舍，而社会利益的平衡和市场秩序的维系则依赖于冥冥中"看不见的手"进行调整；相反，国家倾向于价值或事实导向的决策模式，国家决策首先调查探究价值或事实真相而不顾及利益衡量。这种模式既体现在政治家将价值与事实认识化身为政治行动

---

① 李建良：《自由、人权与市民社会——国家与社会二元论的历史渊源与现代意义》，载《宪法理论与实践（二）》2000年12月，第35-39页。

② 葛克昌：《国家学与国家法》，台北：月旦出版社股份有限公司1996年版，第15页。

③ 葛克昌：《国家学与国家法》，台北：月旦出版社股份有限公司1996年版，第10页。

予以实践上，也体现在法官查明事实实现公平正义上。[①]

根据私人与国家的不同行为模式导向，私人在依据私法自治精神追逐经济利益、促进经济发展方面具有比较优势，而国家在实践基本价值观念、维系社会公平正义方面则具有不可替代性。因此，国家与社会二元论认为国家与社会各具区分又相互依存的关系。这是因为一方面国家存在的功能和意义在于保障社会的自由性、积极性和完整性，维系正常社会秩序和基本价值观念；另一方面，为防止国家过度侵入社会领域，国家履行其功能所需的财政来源必须主要依赖对私人经济活动所征税赋。因此，税收并非仅仅为一种负担，同时也是实现社会经济自由的保证。建立在私人自治和个体决策基础上的社会体系具有高度的自发性和相互依赖性，国家面对此种复杂的社会结构，并不具备信息和决策上的优势，因此国家应对社会保持必要的自制，应尽量避免直接介入经济领域而主要通过对私人行为及其结果进行征税以获取财政来源并保持社会经济秩序的完整性和稳定性。

（二）税收国家的表现形式

在国家与社会的二元结构下，国家因此必然倾向于成为税收国家。表现为：[②]

首先，国家征税的唯一目的在于取得财政收入而非营

---

①葛克昌：《国家学与国家法》，台北：月旦出版社股份有限公司1996年版，第17页。

②葛克昌：《租税国的危机》，厦门：厦门大学出版社2016年版，第189页。

利，国家的财政需求和支出应限制在税收能够负担的范围内，不得采取涸泽而渔的方式摧毁国民支付的动机或虚弱其支付能力，并保持纳税人的经济能力。国家尽量免于从事直接的经济活动以获取财源，社会经济活动主要由私人承担，为维持社会发展的平衡性，国家仅于私人无力或不愿意涉及的领域方可从事经济行为。

其次，征税以定期或规律性金钱给付为原则，纳税人对国家不负劳务或实物给付的义务。国家也不对特定的纳税人支付对价，而有权自行选择决策目标并确定行为采取的方式和手段。

最后，纳税义务具有普遍性，全体公民均按照量能课税的原则承担纳税义务。公民在纳税方面享有平等待遇，不允许特权存在以造成纳税不平等。

如上所述，基于国家与社会的二元分立与相互依赖，国家为保持和维护社会的自发性、独立性和完整性，必然表现为税收国家。征税权和纳税义务因此获得正当性和必要性：一方面，国家获取财政收入的主要目的在于提供维护和保持社会秩序等公共产品供给，因此纳税并非仅仅是一种负担，同时也是获得经济发展和自由的保证，建立在国家与社会二元分立基础上的征税权和纳税义务因此具备正当性；另一方面，基于社会与国家在行为模式上的比较优势，财政收入通过对私人活动及其结果进行征税以获得，以保持对经济社会自发性和完整性的尊重，因此征税权和纳税义务具有必要性。

我国在改革开放前长期以非税方式维持财政收支，但改革开放后，社会主义市场经济和社会主义法治国家的逐步建立，在中国特色社会主义理论与实践中实现了在社会主义的价值理念下国家与社会的辩证统一：国家透过现代企业组织形式保持国有经济的主导地位，同时培育、尊重和保障社会主义市场经济的完整性。

从20世纪80年代起，伴随市场取向的经济改革，我国开始构建税收体系，到80年代末，我国已经建成包括企业所得税、利润税、商品税及关税等主要税种，并在1994年分税制改革中增设增值税，从而形成了以商品税和所得税为主体的税收体系。自1978年经济改革以来，税收占国家预算收入的比重不断攀升，1998年开始虽有所下降，但基本稳定在90%左右。与此同时，由于国有企业的营利能力逐渐下降，国有企业利润所占国家财政收入的比重日益降低。到1985年，国家开始向亏损国有企业进行补贴，我国企业利润对财政收入的贡献呈现负增长，到2006年这一比重仍为-0.5%。[1]因此可以认为，我国国家预算收入绝大部分来源于税收而非国有企业利润或租金收入，实现了由产业国家向税收国家的转型。[2]

---

[1]马俊：《中国财政国家转型——走向税收国家》，载《吉林大学社会科学学报》2011年第1期。

[2]当然，这个转型并未完成，体现有二：首先是从20世纪90年代中期开始，随着房地产业的发展，土地出让所得在地方财政中所占比重逐渐上升，一定程度上阻断了地方财政对税收的依赖；其次，由于强调国有经济在重要经济领域的主导地位，国有企业收入仍是国家财政收入的重要组成部分，因此来自私人部门的税收所占比重仍有待提高。

（三）税收国家理论在公司人格否认中的体现

由于我国财政收入主要依赖税收方式筹集，并在社会主义税收法治理念上以扬弃的方式逐渐体现出税收国家的特征。我国国家的征税权和公民的纳税义务在社会主义税收"取之于民用之于民"的理念上获得了正当性和必要性。而此种正当性和必要性赋予征税机关或人民法院拥有防止滥用公司人格逃避纳税义务行为的权力和责任：

首先，国家以征税所得作为主要财政来源承担保障和维系社会主义市场经济和社会秩序等公共产品供给的责任，而滥用公司人格逃避纳税义务的行为使国家的征税权落空，减少了国家的财政收入并削弱了国家承担职能的基础，因此国家有权否定此种缺乏正当商业目的的公司人格而以股东作为纳税人。

其次，社会秩序等公共产品的非排他性和税收的非对待给付性强调税收的公平性并因此秉承量能课税的原则，滥用公司人格逃避纳税义务的行为在实质意义上造成不同公民之间税负的不平等，并进而在不同的市场竞争者间形成成本上的差异，形成非正当竞争，从而有损经济和社会的完整性。因此，国家基于维护社会秩序的完整性和市场的竞争性，并践行税收公平和实质课税的宗旨，有权力也有责任越过被滥用的公司人格和股东有限责任，而以股东作为纳税人，从而实现纳税公平并否定此种间接的不正当竞争行为。

4.1.2　理论前提之二：税法对引入私法制度的尊重与承接

按公法与私法的分类，税法属于典型的公法，而公司法属于商法，其主要内容属于私法，两者各具不同的价值目标与规范体系。然而税法与私法之间具有特别的关联，国家征税必须建立在私人财产、私人交易行为或交易结果之上，而此种私人财产、私人交易行为或结果首先必然由私法加以确认和规范，因之私法对税法具有相对的先在性和优先适用性，私法上的概念与制度对税法具有特别的影响。税法与私法之间的这种特别关系正是民商法上公司人格否认制度得以适用于税法的前提。否则，若税法与私法各不相干，何以解释公司人格否认这种私法上的制度竟可以适用于税法？

（一）私法相对于税法的先在性和先行性

私法概念及制度相对于税法的先在性和先行性体现在如下方面：

首先，从历史发展角度看，在德国《帝国租税通则》制定以前，税法学并未成为独立的学科，税法缺乏独立的术语和概念，"民事法上法律概念、法律制度、法律思想一切都支配着税法，此际，租税法被认为附属于民事法之下，税法借用自民事法之概念，其概念内涵及法律效果当然应按照民事法而未解释"，"租税法只是民事法之附属的或延续的法律"。

其次，从税法概念的解释和适用上看，尽管经济观察法提出税法上相关概念的解释和适用得依据税法目的并斟酌行为的经济实质进行解释，并因此构建独立的税法概念和术语体系，但为顾及法秩序的安定性，该些借用于私法的概念和术语原则上仍应以私法上的内涵作为解释基础，仅在依据税法规定的目的有必要作出特别解释时，才可斟酌所谓立法目的与经济实质进行解释，这种解释终究带有补充和例外的性质。

　　税法对借用于私法的概念究竟当如何解释适用直接反映了税法对私法的承接态度和方式，学说历经变迁。早先贝克尔等人主张税法解释应不受民法约束，"税法借用于私法概念描述课税要件者，只适用于概念之核心文义部分，私法上之解释与理解并不拘束税法之适用，充其量不过是税法尚未构建自身概念前的'应急措施'而已，至于民事法之概念内容也仅仅在协助描述经济形成或状态之类型而已"。①二战结束后，因二战期间深受纳粹政府滥用经济观察法肆意解释适用税法进行征税之害，学说转而主张私法对税法应具有优先地位，认为"税法虽可以自行创设课税要件及概念，然若民事法与税法适用上发生冲突者，应承认民法对于税法具有'优先性'，税法应作为民法的'附随法'，以维持法律秩序之统一性"。随着西方国家福利政策的开展，税法的功能得到更大的扩展，1965年开始提出税法目的论的解释方法，主张"税法与私法倘发生规范冲突时，则应透过法益'衡平'解决，私法自治所形成的事实关系，原则上虽应被税法尊重

---

　　①K.Ball, Steuerrecht und Privatrecht, Theorie des selbstandigen Steuerrechtssystem, Mannheim, 1924, S.111.转引自葛克昌：《私法对税法的规范影响》，政院国家科学委员会专题研究计划，2006年3月29日，第13页。

并承接为课税要件的前提，然而税法尚承平等原则的宪法诚命，对当事人利用不同私法形式却具备相同的经济效果，即应赋予同等的税法效果以维护税捐负担的平等"，[1]此种观点也为德国联邦宪法法院所采纳，该院1991年判决谓"税法若自其他法律领域传来法律概念，即应探求究竟税法是欲依循其他法律领域的诠释，抑或是仅借用传来的法律概念，来建构属于自身的税法构成要件，在一个统一的法律秩序下，并不排除依各自事实领域而有所不同的处理方式，法'法概念自有其相对性'"。[2]

最后，从税收义务的认定上看，税收义务"发生的构成要件基本上应依附于民事法"，[3]税收义务的成立，需要具备纳税主体、税收客体、税基、税率等基本构成要件，而这些要件税法规定所采取的概念往往与民法用语一致。因此，从维系法秩序的统一性和安定性角度出发，这些构成要件的认定自应当首先以民法规定作为基础，仅在特别情况下基于税法目的而做特别的理解或调整。

基于私法对于税法的相对先在性和先行性，税法依据自己的规范目的承接私法制度具有当然性、必然性和必要性，

---

①黄士洲：《税法对私法的承接与调整》（上），载《台湾本土法学杂志》2006年第88期。

②葛克昌：《私法对税法的规范影响》，台湾大学法律学系及研究所，2005年，第14页。

③黄茂荣：《税捐法与民事法》，载《根植杂志》2008年第11期。

强调此点于我国税法及税法学领域具有特别的意义。

(二) 私法概念与制度对税法的影响

我国税法学的研究开始于20世纪80年代中期，至今为止只有近三十多年时间，与民商法等相对成熟学科相比，我国税法学是一门年轻的学科，仍期待于更多的税法学研究者为其发展添加动力。为摆脱传统税法学理念对我国税法学发展形成的阻碍并积极地推进我国税法学的现代化，有学者认为：一方面可以借鉴以"契约精神"为核心的私法理念，将"权利、平等和自由"的价值目标引入税法之中，用以弥补传统税法学过分强调"强制、义务、无偿"等观念所导致的缺失和不足；另一方面，税法应充分尊重私法，应在准确地理解私法理念和精神的前提下设计税收的主客体范围、计税依据、征管等相关的具体制度，正确处理以"社会公共利益"为名义的国家机关及其授权机关与以"个人经济利益"为名义的个人私法主体之间的关系。[①]因此，关于中国税法学研究的立场问题，有学者认为应积极地转变思路，应从以往的以"确保国家税收利益"为中心的思想转变到以"纳税人（财产）权利"为中心的立场上来。[②]因为中国传统税法学以"国家利益"为本位就必然会以侵犯纳税人（财产）权利为

---

①廖益新、李刚、周刚志：《现代财税法学要论》，北京：科学出版社2007年版，第54-59页。

②刘剑文、熊伟：《中国税法学研究的现状与反思》，载《法学》2001年第5期。

代价，实质上呈现出"侵权法"的状态。想要积极的改变这一现状。妥当处理国家机关与私法主体利益或社会公共利益与个人经济利益的冲突关系就必须转变研究立场：在理论研究方面，树立维护纳税人权利的意识；在实务方面，则可以试图以税法对私法制度的引入与借鉴为途径。

公法对私法具体制度或规定的援用，在德国、日本的税法中早已成为不争的事实，为税法体系的完善发挥着重要作用。2001年我国《税收税收征收管理法》具体规定了优先权制度、返还请求权制度、担保制度、保全制度等，①而这些制度与民法上的优先权、请求权、民事担保、民事保全等制度在概念界定、执行程序等很多方面都存在相识之处。②从税法的角度分析，这是典型的公法对私法的借鉴，是公法私法化

---

① 我国《税收征收管理法》第四十五条、第五十条、第五十一条分别对税收优先权、税收代位权、税收撤销权、税收返还请求权作了明确规定。以上条款规定之内容说明我国的税法已经通过一般法的形式对税收优先权、代位权、撤销权、返还请求权予以肯定，其目的在于加强税收征管，保障国家税收权益。

② 在一定意义上讲，税收即一种"公法之债"，尽管这种债相对于"私法之债"具有许多相似之处，但某些特殊之处也是我们不能忽略的。例如，税收优先权究竟是公法上的一种权力，还是私法上的权利需认真思量。笔者认为，税收优先权应根据其优先的对象不同而分别定性。当税收优先权是针对公法上的金钱给付享有优先权时，可视其为公法上的权力，通过公法的途径予以救济；当税收优先权针对私法上的金钱给付享有优先权时，可视其为私法上的权利，通过私法的途径予以救济。

的一种体现。①因此，有学者支持这种观点并认为，如果税法没有特殊的规定，私法的规定是可以直接为税法所援用。这样既可以节约立法资源，也可以提高立法效率，同时还有利于税法条文的精炼和简明，有利于人们借助在私法领域早已形成的法律意识从而提高对税法的遵从度，保障人们对法律制度理解的统一性和规范性。②但也有部分学者对这种观点持不同态度，究其原因：一方面是因为这部分人严格坚守公法与私法的界限，认为税法与私法之间有不可逾越的鸿沟；另一方面尽管承认私法中已有的制度是一笔可供公法借鉴的宝贵资源，将税法与私法相通的一些制度如优先权、代位权、撤销权等适用于税法中对公共利益的保障有积极作用，但这是类推适用的问题，其本身是不可以举一反三的。

触发私法对税法的影响以及税法对私法上概念与制度的承接，其原因大致可以从两个方面解释：

首先是私法与税法均以同一事实关系作为调整对象的基础。法律关系是法律对社会关系进行调整的结果，税法与私法基于其立法目的与调整方法之不同而对社会关系进行规范会形成不同的法律关系，但二者往往以同一事实关系作为形成法律关系的基础，因此税法主体及客体所涉及的人和标的

---

① 刘剑文、熊伟：《税法基础理论》，北京：北京大学出版社2006年版，第404页。

② 刘剑文、熊伟：《税法基础理论》，北京：北京大学出版社2006年版，第433页。

等法律事实同时也为私法与税法规定的对象。[1]从逻辑顺序上看，由于课税的对象主要是私人交易活动的过程和结果，而私人交易必须符合私法规定才能取得相应的经济利益，因此税法关系往往建立在已成的民事关系基础之上，这导致税法就不可避免地依赖私法概念及相关制度来界定征税对象及其构成要件。在这个意义上，私法上的概念和制度对税法具有先在性。又由于纳税义务人必须依民商法的规定从事或形成其经济的与社会的活动，其效力首先应以私法作为确定依据，国家虽然有权对此种活动及其后果进行征税以获取财政收入，但此种征税行为及征税权不应妨碍和扭曲私人的活动，也不应破坏法秩序的安定性。因此，"不论税捐法是否使用自己的特别概念，在其使用来自民事法之构成要件要素时，其解释不可避免的还是要回溯到民事法，其基本上以民事法上之意义为准"，[2]这注定民事关系对于税捐法之先行性。[3]

其次是法律秩序的统一性。现代国家对社会的治理通过法律控制来实现，尽管从立法目的、保护的法益以及调整方法等方面看，法律可以做私法与公法的划分，但在总体上，法秩序具有统一性。私法与公法均属于建立在宪法基础上的

---

[1]黄茂荣：《法学方法与现代税法》，北京：北京大学出版社2011年版，第93页。

[2]黄茂荣：《法学方法与现代税法》，北京：北京大学出版社2011年版，第93页。

[3]黄茂荣：《税法总论——法学方法与现代税法（第二册）》，台北：植根法学丛书编辑室，2005年，第90页。

统一法秩序的组成部分，"国家为达成行政上任务，得选择以公法上行为或私法上行为作为实施之手段"。在这个意义上，私法与公法的差异仅仅是国家在社会治理和社会控制上所采取的不同方式和手段，两者并无本质不同而均体现了宪法的精神。私法与公法之间具有互补性且具有相互融合的趋势，体现为所谓"私法公法化"与"公法私法化"。

正如前所述，与民商法这类比较成熟的法律学科相比，税法是一门比较年轻的学科，其历史发展只有近三十年时间。在其本身的发展过程中，自身法律体系中具体制度的不断创新或改变成为重要的推动力以外，对其他学科门类的重要具体制度或国外经验的引入与借鉴也应不失为一种途径。"好的学习坏的、落后的学习先进的、欠发达的学习发达的"，这正是自然发展的规律。何况税法是整个公法领域里与私法联系最密切的部门。[1]因此，税法对待引入私法制度的态度，笔者认为，税法应尊重私法，应在正确理解私法理念和精神的前提下去设计具体适用于税法的相关具体制度，比如纳税主客体范围、计征依据等，积极地做好承接工作。

4.2　公司人格否认制度适用于税法领域的理论基础

公司人格否认制度是对公司独立人格和股东有限责任的修正制度，也是保护公司债权人的重要制度。依据《公司

---

[1]刘剑文：《税法专题研究》，北京：北京大学出版社2002年版，第285页。

法》第20条及人民法院的司法实践，股东行为违反诚实信用原则是导致公司人格被否认的基础原因，股东承担连带责任的理论依据在于股东负有诚实信用义务，连带责任的施加不过是对股东违反诚信义务行为的法律评价。由此可知，公司人格否认制度适用于税法理论基础需建立在税收权利的债权属性和股东对税收权利人的诚信义务基础之上。

4.2.1 诚实信用原则与公司人格否认之关系

诚实信用原则最早起源于罗马法。依据罗马法规定，债务人不仅要依照契约条款行事，更重要的是债务人应邀依照各自内心的观念来完成契约所规定的给付。1804年制定的《法国民法典》继承了罗马法的诚实信用理念，并成为世界上最早将诚实信用原则纳入的一部法典。在我国，《民法通则》第4条和《合同法》第6条都明确规定了当事人行使权利、履行义务都应当遵循诚实信用原则。诚实信用原则作为一项基本的市场经济活动道德准则和现代法治社会法律准则，是指当事人在市场活动中应讲信用，应恪守诺言，诚实不欺，在追求自己利益的同时不损害他人和社会公共利益，要求市场参加者在市场活动中维持双方的利益以及当事人利益和社会利益的平衡，以最终维持正常的市场道德秩序。

（一）诚实信用原则可以运用于公司人格否认制度吗？

诚实信用原则是私法上一项重要的基本原则，随着理论研究的深入和实践的发展，该原则已逐渐成为适用于整个私法领域的"帝王条款"。更有甚者认为："诚实信用原则乃是君临全法域之基本原则"。①公司是商事法律关系的主体，属于私法领域的范畴，理应遵循诚实信用原则。且由于商事主体的有营利性特质，防止商事主体过分追求效益的最大化而产生不正当竞争，扰乱市场秩序的行为，诚实信用原则在商法领域的适用更具有重要意义，对商事主体也提出了更高的要求。当股东实施虚假出资，或进行不转移所有权的出资，或出资后抽逃出资等情形时；或当公司存在"一套人马，多套牌子"人格混同的情形时；或当一人公司情况下，公司与股东的财产相互混合时，这些足以影响公司相对人判断力的情形均是公司不诚信行为的体现，广大的公司相对方都将是利益受损方，并有可能危害整个市场经济秩序。由此，作为公司法的一项重要制度即公司人格否认制度正是基于对以上不诚信行为的修正和补救，着力保护公司相对方（公司债权人）或社会公共利益，并在促进经济发展，维持经济稳定的终极目标上发挥着重要作用。正如有学者说言，"揭开公司面纱"原则是诚实信用原则在公司法中的具体适用，即通过法官的创造性司法活动，以自由裁量权弥补法律的漏洞，调节不同法律规范/规则之间的关系，从而实现个体利益之间、个体利益与社会利益之间的平衡。②

我国2005年修订的《公司法》在中国公司的发展史上具

---

① 侯作前：《论诚实信用原则与税法》，载《甘肃政法学院学报》2003年第4期。

② 徐国栋：《诚实信用原则研究》，北京：中国人民大学出版社2002年版，第2-3页。

有重要的意义。此次法律修订"基于'保护债权人，就是保护公司制度'的理念，我国立法者大胆借鉴域外法律制度在债权人保护方面进行了相对周密的制度设计"，[1]采取成文法形式于《公司法》第20条第三款明确引入公司人格否认制度，该规定可以认为是诚实信用原则在商法领域的成功运用。

我国《公司法》第20条共有三款，从法律规范的结构看，该《公司法》第20条第一款是义务性规定，第二款和第三款则是违反第一款规定义务的法律后果，三款系一个整体，不仅规定了股东赔偿责任制度及公司人格否定制度，也规定了此两项制度的立法依据，即"公司股东应遵守法律、行政法规和公司章程，依法行使股东权利"，而依法行使权利并不得损害他人利益恰好是诚实信用原则的核心内容。由《公司法》第20条规定的逻辑结构可以看出，该条第三款规定的公司人格否认制度系以诚实信用原则作为其理论基础，而公司人格否认制度的适用则是违反诚实信用原则的后果。

实务方面，人民法院向来以违反诚实信用作为适用公司人格否认制度的基础。在"中国信达资产管理公司成都办事处与四川泰来装饰工程有限公司、四川泰来房屋开发有限公司、四川泰来娱乐有限责任公司借款担保合同纠纷案"[2]中，

---

[1] 姚涛：《论直索责任对象范围的扩张》，南京大学2012年硕士学位论文；另见刘俊海：《新公司法的制度创新》，北京：法律出版社2006年版，第84页。

[2] 案情来源于北大法宝：http://www.pkulaw.cn/fulltext_form.aspx?Gid=117563950&EncodingName=，访问于2014年1月2日。

公司人格否认制度在税法中的适用研究
——基于反避税规则体系完善的视角

四川省高级人民法院在（2007）川民初字第17号民事判决中认定"装饰公司、房屋开发公司、娱乐公司在形式上具有独立人格资格，沈氏公司对该三家公司拥有绝对的控制权，故遂利用公司的独立人格逃避债务，损害债权人利益。其行为是违背公司法之财产和人格独立之原则，违背诚实信用和公平原则。在性质上，三家公司由于受同一自然人控制，在人员、财产上存在混同，其行为可界定为利用关联公司人格混同以逃避债务的行为。"最高人民法院在（2008）民二终字第55号民事判决书中确认，"装饰公司、房屋公司、娱乐公司在形式上具有独立人格，但因均由同一自然人控制，三者之间形成关联公司人格混同之类型，故为股东滥用控制权创造了条件。其损害债权人合法利益的行为违背了公司与股东人格、财产独立之原则，违背了诚实信用原则。因此，原审法院判令装饰公司的债务应由娱乐公司和房屋公司承担连带清偿责任并无不当，本院予以维持"。

《最高人民法院关于发布第四批指导性案例的通知》（法〔2013〕24号）第15号指导案例进一步明示违反诚实信用系类推适用《公司法》第20条第三款规定的公司人格否认制度的基础。①

该指导案例的裁判理由载明"本案中，川交机械公司、瑞路公司、川交工贸公司三家公司在形式是具有独立法人资

---

① 最高人民法院发布第四批指导性案例（2013），载http://wenku.baidu.com/view/7f937c5c3c1ec5da50e270a6.html，访问于2014年1月8日。

格的公司，实际上彼此之间人员、财产存在混同。在这种情形下，川交机械公司、瑞路公司会为与之关联的川交公司实施为逃避其巨额债务的一系列交易安排，损害债权人合法权益。上述行为违背了公司法财产独立原则，违背了诚实信用和公平原则，其行为之性质与危害结果适用公司人格否认制度情形相当，故可按《公司法》第20条第三款的规定，责令川交机械公司、瑞路公司对川交工贸公司的债务应当承担连带清偿责任"。

综上可见，我国立法及司法实务均认为对诚实信用原则的违反是导致公司人格被否认的基础，而滥用公司独立人格及股东有限责任侵害债权人利益则是违反诚实信用原则行为的具体表现形式。①

（二）诚实信用原则于税法领域的具体适用

基于大陆法系的学术传统，我国的《公司法》总体上属于私法，而税法则属于公法，那么源于私法上的诚实信用原则于税法领域是否也有适用空间？股东为何对税收债权人负诚信义务呢？

税法领域是否能够适用诚实信用原则，在理论上多有争议，但观诸多国实践，司法实务则多采肯定说。

肯定说一般基于税收法律关系"公法之债"的性质，主

---

① 值得注意的是，公司股东违反诚实信用原则的行为表现形式可能多种多样，因此法律规制的方式也必然多种多样，公司人格否定制度不过是针对滥用公司独立人格和股东有限责任这种违背诚实信用原则的规制手段。

公司人格否认制度在税法中的适用研究
——基于反避税规则体系完善的视角

张基于税收债权债务关系，国家作为税收之债的债权人，享有请求给付税收的权利，而纳税人作为债务人，有为税收给付的义务，因此税收债权的行使及税收债务的履行与私法上债权的行使与债务的履行并无差异，而根据同等情况同等对待的公平法理，相同性质的法律关系必须服从同一法理，故为谋求个人与个人间利益的调和并维持个人与社会之间利益的平衡，税收之债的履行自当遵守诚实信用原则。[①]

否定说则基于对税收法律关系的权力性质，认为税收法律关系是一种权力与服从关系，而诚实信用原则为私法上为保护当事人之间及当事人与社会之间利益平衡的规定，故而诚实信用原则对国家与纳税人之间的税收法律关系无适用余地。且征税权系由法律规定的权力，征税内容也由法律直接规定，无须援用权力相对人的诚信义务，若藉诚实信用原则赋予征税机关税法解释的权柄，可能导致征税机关假借诚实信用原则之名擅行税收立法之实，势必与税收法定主义的原则相违背。[②]

因否定说以税收权力关系说作为立论基础而非通说的税收债务关系说，故大部分学者倾向于认同肯定说，如日本学者田中二郎即主张诚实信用原则主要在私法领域发展而成，是否适用于税法领域，是否与税收法定主义原则相抵触，虽

① 刘春堂：《诚实信用原则与租税法》，载《财税研究》第3期。
② 邵伟杰：《诚实信用原则在税法上的适用探讨》，载《税务研究》2010年第4期。

存在多种观点，但诚实信用原则系内存于所有法律领域的共同法理，税收法定主义不能作为否定以诚实信用原则解释适用税法的理由。

在立法与司法实践方面，德国行政法院于1926年判决明示诚实信用原则在国家与国民的公法关系中有适用余地，谓国家作为权力机关，具有明显的优势地位，于处理与企业、组织或国民之关系问题，不得滥用其优势地位，相反更应秉承诚实信用原则，唯此才为行政法立法宗旨之体现。德国联邦财政法院也于20世纪20年代末开始不断适用诚实信用原则。日本东京地方法院1965年判决认可在税法领域可以适用诚实信用原则，日本最高法院在1941年判决虽认为在税收法律关系中，基于税收法定主义原则，应慎重适用诚实信用原则，但同时肯定存在违反正义的特别情事时，得考虑适用诚实信用原则。

我国《行政许可法》第8条虽未明确使用诚实信用的概念，但其对禁止反言、情势变更补偿等做出了详细规定。①禁止反言是英美法国家的一项契约理论，其基本含义是要求言行一致，不得出尔反尔。在我国，禁止反言作为普通法上的

---

①我国《行政许可法》第8条规定："公民、法人或者其他组织依法取得的行政许可受法律保护，行政机关不得擅自改变已经生效的行政许可。行政许可所依据的法律、法规、规章修改或者废止，或者准予行政许可所依据的客观情况发生重大变化的，为了公共利益的需要，行政机关可以依法变更或者撤回已经生效的行政许可。由此给公民、法人或者其他组织造成财产损失的，行政机关应当依法给予补偿。"

一项法律原则，表现为若一当事人因另一当事人之陈述产生依赖，则另一当事人不得否定其先前的陈述。情势变更补偿是指行政合同成立后，由于情势的变更致使合同无法履行，行政机关因合同相对方对其的信赖利益遭受损失给予补偿。从以上对禁止反言和情势变更补偿的含义进行分析，两者均为诚实信用原则基本内容在行政法上的体现。[1]此外，最高人民法院《关于执行〈中华人民共和国行政诉讼法〉若干问题的解释》第58条、第59条也在一定程度上体现了诚实信用原则的要求。[2]在税法方面，我国《税收征收管理法》第52条规定，"因税务机关的责任，致使纳税、扣缴义务人未缴或者少缴税款的，税务机关在三年内可以要求纳税人、扣缴义务人补缴税款，但不得加收滞纳金"，该条规定在一定程度上体现了基于诚实信用原则而对信赖利益的保护，即由于征税机关的行为，纳税人基于信赖而作出少缴或未缴税款的行为不得加收滞纳金。

综上所述，尽管学理上存在不同观点，但基于上述立法和司法实践，诚实信用原则在税法领域的适用已是不争的事实。基于诚实信用原则，要求国家应最大限度确保税收法律法规的安定性从而为纳税人提供相对稳定的信赖，征

---

① 莫于川、林鸿潮：《论当代行政法上的信赖利益保护原则》，载《法商研究》2004年第5期。

② 阎尔宝：《行政法诚实信用原则研究》，中国政法大学2005年博士论文。

税机关应严格遵守实体和程序法律规定行使征税权，禁止反言以充分保护纳税人对法律和行政行为的信赖。与此同时，要求纳税人应当依法诚实纳税，不得恶意滥用法律形式或法律权利偷逃税负。

如前所述，我国立法及司法实务均认为违反诚实信用原则的是导致否认公司人格被的基础原因。因此，于税法领域欲适用公司人格否认制度直接把握股东承担责任，需以股东对该税收债权人负有诚信义务为前提。换言之，正是对这种诚信义务的违反导致股东对本应由公司承担的税收债务承担责任。股东对税收债权人的诚信义务来源于两个方面：

（1）股东对税收债权人的诚信义务首先源于股东权利，股东享有股东权利的同时，当然负有依据诚实信用原则行使该权利、不得滥用该权利侵害他人或社会公共利益的义务。

按权利之本义，权利是主体自身意志与意思表示的承载基础，具有绝对性质与无限性质，在权利范围之内，任何人行使自己之权利，皆无不法可言，对任何人均不能视为侵害。[①]权利本身即具有社会性，"如无社会共同生活，绝不能有权利观念之发生。故权利本身，应有其客观的社会任务，法律之所以保护各个人之权利，自有其客观的目的，其保护各个人之权利，不失为一种方法，其终极目的，应

---

①何孝元：《诚实信用原则与衡平法》，台北：三民书局1986年版，第68页。

在于增进整个人群之生活。如其终极目的不能达到时，自应积极的起而干预。"①在此种观念下，权利与其说是主体自由意志的体现，勿宁说是主体行为的边界，权利人在享有权利的同时，即负有诚信义务，也即权利人行使权利须本旨诚实信用之要求，不得侵害国家、社会或他人的利益，不得违反法律制度及权利的宗旨。若权利的行使实质上违反权利的社会性，则构成权利滥用而非正当。

职是之故，我国《宪法》第51条之规定、②《民法典》第七条之规定、③《民法典》第五百零九条第二款之规定④均以立法的方式确立了诚实信用原则。

值得注意的是，《公司法》第20条第一款并未使用诚实信用的术语，仅规定"公司股东应当遵守法律、行政法规和公司章程，依法行使股东权利"，但该第20条第一款后段从禁止权利滥用的角度，规定股东多项不得滥用权力而为之行为。由于禁止权利滥用性质上系诚实信用原则的下

---

①张进德：《诚实信用原则应用于租税法》，台北：元照出版社2010版，第34页。

②我国《宪法》第五十一条之规定："中华人民共和国公民在行使自由和权利的时候，不得损害国家的、社会的、集体的利益和其他公民合法的自由和权利。"

③《民法典》第七条规定："民事主体从事民事活动，应当遵循诚信原则，秉持诚实，恪守承诺。"

④《民法典》第五百零九条第二款规定："当事人应当遵循诚信原则，根据合同的性质、目的和交易习惯履行通知、协助、保密等义务。"

位概念，[①]因此该款规定也可以认为是对股东诚信义务的类型化规定。若股东违反该义务并符合《公司法》第20条第二款、第三款的规定，则应对公司及其他股东承担赔偿责任，对公司债务承担连带责任。

税收债权既属于债权，且具有强烈的社会公共属性，依据"举轻明重"的解释原则，股东自应参照《公司法》第20条的规定对税收债权人负有诚信义务，不得滥用股东权利侵害税收债权人利益，若股东利用其地位和权利，通过欺诈等手段侵蚀公司用于承担税收债务的资产，利用股东有限责任最终达成逃避承担公司税负的目的，则应认定为违背诚信义务滥用股东权利，应对公司税收债务承担连带责任。

（2）股东对税收债权人的诚信义务还可能来源于股东作为实质纳税人的地位。

依据"税收债务关系说"，实体意义上的税收法律关系是一种基于税法规定且特定的税收事实构成符合法律预先规定的课税要件而产生的公法上的债权债务关系。基于税收之债的法定性，即使特定税收客体在名义上归属于公司，但若该税收客体实质上归属于股东时，则当该应税事实符合税

---

①由于诚实信用原则系极不确定的法律概括概念且居于法律上最高指导地位，因此不仅现行法律各条文本质上为该原则的具体细目，即法律上诸如禁止权利滥用、情势变更原则、禁止反言原则、附属义务、欺诈禁止等相关重要原则性质上均为诚实信用原则的下位概念，参见张进德：《诚实信用原则应用于租税法》，元照出版社2010版，第33页。

法构成要件时，在股东与国家之间即已经形成税收债权债务关系，股东作为债务人自当依据《合同法》第六条的规定对税收债权人负有诚信义务。此种情形的常见表现形式有二：

其一，股东恶意利用法律提供的公司形式，设立不具有合理商业目的的公司形式逃避税负。例如利用不同国家或地区之间税法规定和税负的差异，通过在低税负的国家或地区转让所持目标公司股权的方式，间接地转让位于高税负国家或地区的财产，从而逃避本来应在高税负国家或地区缴纳的税负；或者利用不同资产交易之间税法规定和税负的差异，通过转让所持目标公司股权的方式，间接地转让本应征税的资产，从而逃避直接转让该类资产所应缴纳的税负。此种情形下，公司独立人格沦为股东税收逃避的工具，自应税事实符合税收法定构成要件之始即在股东与国家之间形成税收债权债务关系，股东作为税收债务人自当依据诚实信用原则对税收债权人承担诚信义务。

其二，在股东与公司之间形成人格与财产上的混同而使公司本应承担的税负落空。此种情形下，公司独立人格不过为股东的分身（alter ego）或代理人，公司应税行为与利益本质上即归属于股东。股东与公司之间具有实质上的同一性，股东（公司）作为税收债务人自当对税收债权人承担诚信义务。

4.2.2 税收债权法律关系与公司人格否认之关系

公司人格否认制度是对公司独立人格和股东有限责任的修正制度，也是保护公司债权人的重要制度。其在公司法里的适用以公司与其相对方存在合法的债权债务关系为前提，因此，其适用于税法领域，即当股东实施利用公司独立人格进行税收规避行为时否认公司的独立人格进而追究公司背后之股东的法律责任。作为税收承担方的公司与税收利益享有方的国家及其授权机关的法律关系是什么，其性质又是什么，这些内容都是我们必须明确的。

税收法律关系是指由税法所确认和调整形成的，在税收相关活动中各法律关系主体之间发生的以权利义务为内容的社会关系。税收法律关系按不同的分类标准可以有多种不同的分类，其中最具代表性的是将税收法律关系分为税收宪法关系、税收实体法律关系和税收程序法律关系。[1]每一种税收法律关系根本的性质又是什么已然成为本书探讨的一个重点，决定着建立在公司与公司债权人平等原则基础之上的公司人格否认制度是否可以纳入税收各种法律关系的分析框架之下，这也是本书研究另一个理论基础。

（一）税收法律关系之争

从已有的有关税收法律关系性质的研究文献来看，最早的文献出现在德国，日本受德国学者研究立场和研究思路的

---

①刘剑文、熊伟：《税法基础理论》，北京：北京大学出版社2006年版，第53页。

影响较大，而我国由于税法学的研究相对较晚，所出现的研究文献因此是比较有限的。从各国的文献来看，问题主要集中在税收法律关系是"权力关系"还是"债务关系"这一点上。

"税收权力关系说"着眼于征税权的性质，强调税收法律关系是国家依据源于统治者的征税权，透过征税机关的行政行为确定纳税人的纳税义务并进行强制征收的权力与服从关系，若纳税人拒绝服从，则国家可施加处罚。在税收权力关系中，纳税人是征税机关征税行为的行政相对人，纳税人的纳税义务是征税权行使的结果，因此纳税人并不具备当事人资格。比如德国行政法学家奥托·梅耶（Otto Mayer）即认为，国家及其授权机关享有比国民更优越的权力，基于国民对国家课税权的服从关系，国民应依据国家行政机关的"课税处分行为"自主履行纳税义务，整个税收法律关系是以课税处分为中心的国民对国家行政机关的权力服从关系。从某种意义上说，是把课税处分行为看成同刑事判决具有同样性质的行为。[1]随着1919年德国《帝国税收通则》第81条的面世，[2]税收债权债务关系以一种新的主张形式站在了税收权力关系的对立面而逐渐深入人心，引起全世界各国研究者

---

[1] [日]金子宏：《日本税法》，战宪斌、郑林根等译，北京：法律出版社2004年版，第19页。

[2] 1919年，德国《帝国税收通则》第81条规定："租税债务在法律规定的课税要件充分时成立。为确保租税债务而必须确定税额的情形下不得阻碍该租税债务的成立。"

的关注和争相讨论。而后承袭其内容的1977年《税收通则》第38条①切实地将税收债权债务关系理论推向了高潮。

"税收债务关系说"则着眼于纳税义务成立的条件，认为法治国家基于税收法定原则进行课税，因此纳税义务的成立并非征税机关行使征税权的结果，而是纳税人行为符合法律预先规定的课税要件，因而在国家与纳税人之间成立的请求给付与当为给付的关系。在此种请求给付关系中，国家作为债权人享有请求给付的权利，而纳税人作为债务人负担给付义务，此权利义务均依法律规定当然产生而非权力行使的结果。此种学说的代表人物是德国学者阿尔伯特·亨泽尔（Albert Hensel），他认为，税收法律关系的性质其实是公法上的一种债权债务关系。这种学说不承认国家及其授权机关享有优越于国民的权力，而是强调两者之间平等的地位关系，税收关系中的权力因素已退居次要地位或应完全不存在，国家对纳税人享有请求其履行约定之债务（给付一定的金钱）的权利，而这种请求权的成立不是以国家行政机关的课税处分行为作出时成立，而是以满足税法所规定的课税要件时成立。"税收权力关系说"与"税收债务关系说"之间的主要区别是：

在税收法律关系的产生上，税收权力关系说强调纳税义务的发生是征税权力行使的结果，在该权力行使之前纳税人

---

①1977年，德国《税收通则》第38条规定："租税债务关系之请求权，于法律所据以课赋给付义务制构成要件实现时，即行成立。"

并不承担纳税义务，而税收债务关系说强调纳税义务系与纳税人相关联的法律事实符合法规预先规定的构成要件，因而基于法律规范的逻辑结构，当然在国家与纳税人之间形成的法律效果，在纳税义务产生的过程中并无征税权行使的余地，国家的征税权体现在税收立法中而非具体纳税义务的确立之中。

性质认定上，税收权力关系说认定税收法律关系是一种权力与服从的关系，因此征税机关是行政权力的行使方，相对于纳税人具有优越地位，而纳税人处于权力相对人的地位。相反，税收债务关系说则认为税收法律关系为一种公法上的债权债务关系，国家作为债权人与纳税人作为债务人具有同等法律地位，纳税人并非权力的相对人而是税收法律关系的主体。基于对税收法律关系性质认识上的差异，税收权力关系说进而忽视税收实体法律关系与税收程序法律关系之间的区别，而税收债务关系说则强调二者之间的区分，比如日本税法学者金子宏即主张是税收法律关系性质"二元论"。他认为，税收法律关系中权力关系说和债务关系说这两种学说的区别关键是在于两方面研究者各自据理论争的着力点不同而产生的。税收法律关系中包括各种法律关系，有些是权力关系，比如：更正、决定和滞纳处分等行为，而有些是债务关系。应将税收法律关系作为性质不同的诸多法律关系的集合来理解才能正确认识税收法律关系，而不应将税收法律关系以"一元性"的观点给以定性。

又基于对纳税人地位认识的不同，税收债务关系说及其重视纳税人的救济手段，强调纳税人税收规划行为的合法性。而税收权利关系说既主张纳税义务的产生系权力运用的结果，因此往往否定纳税人税收规划行为的合法性。

对税收法律关系的理解直接关系到对国家与纳税人关系的定位以及对现代税收的认识。总体而言，尽管仍有部分学者力倡"税收权力关系说"，但因"税收债务关系说"更能够体现现代法治社会下税收的性质，也有利于突出纳税人的主体地位，并促使税收立法尽可能明确课税客体、课税标准、税率、纳税义务人等构成要件内容，有利于降低税收对私人经济活动的负面影响，故而成为多数大陆法系国家税法学的通说。

在我国，有关税收法律关系性质的研究能突出其代表性观点的学者有刘剑文、张守文、施正文、杨小强等。刘剑文、①施正文、②杨小强③三位学者的观点比较相同，他们认为，税收法律关系主要由实体和程序两部分构成，因此税收法律关系的性质也应从实体和程序两部分进行分析，也认识到税收实体法律关系的重心应为公法上的债权债务关系，而程序法律关系主要以课税处分行为为基础，体现的是国家行政权力，具有权力关系性质。而张守文摆脱了分实体和程序两部分研究税收法律关系的传统研究范式，具有很强的独创

①刘剑文、熊伟：《税法基础理论》，北京：北京大学出版社2004年版，第69页。

②施正文：《税收债法论》，北京：中国政法大学出版社2008年版，第2-3页。

③杨小强：《税收债务关系及其变动研究》，载刘剑文主编：《财税法论丛》第1卷，北京：法律出版社2002年版，第162页。

性。他认为，因税法所调整的社会关系不同，若能按税收关系的不同阶段和所处环节进行税收关系的具体分析，也许会深化相关认识。所以税收关系所处的阶段和环节是决定税收关系性质的主要因素。[①]

（二）税收之债与私法之债

基于"税收债务关系说"，实体意义上的税收法律关系是一种基于税法规定而产生的公法上的债权债务关系，基于此种法律关系，国家得向纳税人收取税赋。但仍值得注意的是，此种公法上的债权债务关系与私法上的债权债务关系仍有若干不同：

首先是债的发生及其内容决定方式不同，税收债权债务关系是基于法律规定而当然发生的债务，且产生、内容、变更、消灭均由法律予以规定，而私法上的债权债务关系则原则上依据意思自治由民事主体以自己的意思来决定其发生、内容、变更与消灭条件。

其次是税收债权债务关系不过是实现税收的手段，因此在法治国家，带有公共性和公益性，这种特征不仅体现在立法对税务负担的确定上，也体现在征税机关享有的特殊的权力上，比如征税机关享有的调查权、税收优先受偿权、征税机关的自力执行权等。相反，私法上的债权其主要内容是请求给付权及给付受领权，债权人并不享有类似于征税机关的

---

①张守文：《税法原理》（第二版），北京：北京大学出版社2001年版，第79-80页。

特殊权力。确立税收债务关系并不意味着可以将私法上债的制度直接移用于税法上，这样不仅将使税法沦为民法的附庸，也会对国家课税权的行使产生不利影响。

综上所述，从基本特征来看，税收之债与私法上的法定之债在产生、主体、内容以及履行方式等方面相同，均基于法律的预先规定和特定的法律事实相结合而发生，属于特定主体之间履行特定行为的法律关系。[1]税收债权与私法债权同属请求权，均具有请求给付、受领给付等效力。我国《公司法》第二十条即规定"公司股东不得滥用公司法人独立地位和股东有限责任损害公司债权人的利益"，"公司股东滥用公司法人独立地位和股东有限责任，逃避债务，严重损害公司债权人利益的，应当对公司债务承担连带责任"，则基于同等情况同等对待的原则，该第二十条对公司债权的保护应当及于税收债权。

4.2.3 公司人格否认制度适用于税法的制度基础

公司人格否认制度之宗旨在于对债权提供特别保护，而对诚实信用原则的违反是导致公司人格被否认的基础原因。

基于实体税收法律关系的债权债务性质，税收债权与私法上的债权均属于请求他人为特定给付的权利，二者尽管分别规定于公法（税法）与私法（民法或商法）之中，但并无二致，且税收债权带有强烈的公共利益属性，因此基于同等

---

① 王泽鉴：《债之关系的结构分析》，载王泽鉴主编：《民法学说与判例研究（4）》，北京：中国政法大学出版社1998年版，第90-91页。

情况同等对待的公平法理，立法和司法实践对税收债权与私法上的债权应予以同等保护。公司人格否认制度之宗旨既在于保护债权，避免股东滥用公司法律人格和股东有限责任侵害债权人利益，则税收债权自当获得同等保护而有公司人格否认制度之适用。

诚实信用原则虽源于私法但其适用范围处于持续扩张之中，尽管学说上偶有争议，但通说及实践均认为税法领域有该原则之适用。基于权利的社会性，公司股东享有股东权利的同时，自当依据诚实信用原则行使该权利，对公司、其他股东及债权人等负有诚信义务。又鉴于税收之债的法定性，当应税事实符合税收法定要件时，税收债权债务当然发生，即使特定税收客体在名义上归属于公司或者特定的交易行为透过公司形式进行，但若该税收客体实质上归属于股东时，自应税事实符合税收法定构成要件之始即在股东与国家之间形成税收债权债务关系，股东作为税收债务人自当依据诚实信用原则对税收债权人承担诚信义务。

综上所述，税收法律关系的债权债务属性及股东对公司税收债权人的诚信义务，构筑了公司人格否认制度得以适用于税法的坚实基础。

4.3 公司人格否认制度适用于税法领域的价值取向

每一项法律制度都蕴藏着特定的价值内涵，反映了"从立法者、执法者到守法者期望追求的体现着社会正义的最终目标"。①公司人格否认制度于税法领域的适用，其价值在于彰显税收正义、促进法秩序的统一。

4.3.1 公司人格否认制度有助于彰显税收正义

"正义"系关乎"客观社会内人民与事物如何为妥适之安排及运用的概念"，为哲学、法学、伦理学及神学等诸多领域所关注并反复争辩的论题，具有多样性，从不同角度观察可以得出不同的理解。从制度层面观察，正义关乎"如何使一群体之秩序或社会制度，适合于实现其基本目的"，侧重于"法律规范和制度安排之内容，进而对于人类文明、幸福价值之影响"。②立法通过法律规范将这种抽象的正义落实到具体的法律之中，展现为不同的正义类型。于税法领域，现代国家虽享有不可挑战的征税权，但征税权的行使"必须依照法律上属于正义意义的秩序，亦即在税法符合正义之理念下，而以正义之法之形态呈现，而具有其正当化基础"，③因此税收正义是现代宪政国家征税正当性的基石，为各项税法制度所追求和体现的核心价值。从内容上看，税收正义体现为两个层次：第一层次的税收正义是宪法层面的，体现为国家征税权与纳税义务人基本权之间的平衡，实现"国家税收稳定实践"与"纳税人权利保

---

① 朱慈蕴：《公司法人格否认法理研究》，北京：法律出版社1998年，第56页。

② ［美］E·博登海默：《法理学——法哲学与法学方法》，http://ishare.iask.sina.com.cn/f/5214373.html，访问于2014年2月1日。

③ 梅晓蓓：《量能课税原则研究》，吉林大学2007年硕士学位论文。

障"二者之间的平衡；[①]第二层次的税收正义则是税法层面的，体现为纳税义务人各自之间在税负上的公平，"以确保国家对每一国民给付之无偏无私，不受其所纳税额的影响"。[②]

尽管税收在总体上可以理解国家为人民生命、财产提供保护等公共产品的对价，但具体到特定的纳税人，则他对国家并不享有明确的给付请求权，他所缴纳的税收并非针对他所获得的某项具体服务，而系为应付国家总体公共服务的成本的一部分，纳税成为公民的一般义务。因此，税赋承担具有无偿性，国家征税时并不承担具体的对等给付，不能依据受益者付费原则按纳税人享受国家提供的公共服务的程度来分配税负。从这个意义上讲，现代税收的目的在于使国家有能力为全体国民提供公共服务，因此税收义务与国家所提供的服务是分离的，"纳税人并非为其个人所受领的给付支付税款，而是为国家的各项任务（即为纳税人与非纳税人之利益而提供服务）支付税款"，"对于税捐的给付，国家享有财政的决定自由，而非作为补偿国家对于纳税人的给付义务。课税公平的程度应按照个人的负担可能性，而非按照个人享受国家的利益，加以决定"。[③]

---

①黄俊杰：《纳税者权利保护》（第二版），台北：元照出版社2008年版，

②葛克昌：《税法基本问题》，北京：北京大学出版社2004年版，第121页。

③陈清秀：《税法总论》，台北：元照出版有限公司2006年第4版，第23-24页。

"税捐既为无（直接）对待给付之公法上的强行给付义务，其给付义务之有无及范围自然只能取决于纳税义务人之负税能力。盖如无负税能力，而勉强对其课征税捐，不但可能侵害其生存与发展，而且在大多数的情形亦难以征起，其结果亦徒然增加无谓之稽征费用，提高国家与人民间之摩擦机会与程度"。[1]正基于此，税负分配和衡量税负是否正义的标准只能以纳税义务人的真实的和潜在的支付能力作为参照，税负的分配因之体现出分配正义的特点，表现于税负与给付能力之间的比例关系，而非交换正义意义上所得与所失之间的算术平等。由此可见，在具体的税负分配方面，抽象的税收正义转化为具体的量能课税原则，而"量能课税原则则为捐税正义在税捐法上的表现"。[2]

"税法是国家为满足其财政需求所制定的规范，除管制诱导性税法规范以实现特定的经济社会发展为目的外，多数的税法规范欠缺拟追求的具体行政目的，及手段与目的间的比例关系"，[3]因此国家行使征税权无直接对价地获取纳税人的财产，其伦理上的正当性除了强调税收的正义性质外，尚需体现为不同纳税人之间在税收负担上的公平性，强调人民

---

[1]黄茂荣：《税法总论》（第一册），台北：植根法学丛书编辑室，2002年，第153页。

[2]黄茂荣：《税法总论》（第一册），台北：植根法学丛书编辑室，2002年，第153页。

[3]葛克昌：《租税规避之研究》，台湾大学法律研究所1978年硕士论文。

的税收义务乃"基于公共利益之平等牺牲义务","人民所以纳其应纳之税,其基础理由即在相信与其收入相同之邻人亦纳相同之税"。[①]我国《宪法》第五十六条因之规定"中华人民共和国公民有依照法律纳税的义务",征税权的正当性既从此种平等牺牲义务之中取得,则税法规范不可避免地体现出强烈的平等要求,要求征税机关对同等应税事实必须作出统一决定,禁止对不同纳税人作出任意的差别对待。值得注意的是,此种平等性,并不完全排除国家基于特定的目的,在特别的情形下给予部分纳税人税收优惠或施加特别的税务负担,但此种平等性的例外,终究必须基于特别的目的,并且具有说服力的正当理由。

"由于租税法在整体上是以人民的公平负担为基础,确保一定的租税收入为目的的法律,所以在执行租税法时也要从公平负担的角度禁止避税行为,防止特定的人不当地逃脱税负",[②]若"人民已经实现税法规范拟课征租税的经济状态,自不应容许人民借由法律形式的选择,减轻甚至免除租税负担,否则量能课税原则、租税正义的宪法要求,将沦为任由人民操控摆布的空言"。[③]

---

①黄茂荣:《税法总论》(第一册),台北:植根法学丛书编辑室,2002年,第122-125页。

②北野弘久:《日本税法学原论》,北京:中国检察出版社2009年版,第82页。

③葛克昌:《租税规避之研究》,台湾大学法律研究所1978年硕士论文。

公司股东滥用公司人格和有限责任以规避税务负担，则导致不同的纳税人之间实际课税负担的不平等，有违税负公平并进而损及税收正义。通过逃避税负，股东或公司实际承担的纳税比例低于其应承担的比例，从而违背了税收正义所必须的比例原则，其应承担的税务负担"实际上不公正地转移给了其他诚实守法的纳税人来承担，以至于加剧税负不公、妨碍税收社会功能的实现"。①

而公司人格否认制度产生的目的即在于规制滥用公司人格和股东有限责任的行为以在实质上体现法律对公平和正义的追求，滥用公司人格和股东有限责任的行为既背离公司人格和股东有限责任制度的初衷，也构成对公司债权人乃至社会利益的侵害。公司人格否认制度以例外的形式在个案中否定公司人格，要求滥用公司人格和有限责任的实际行为人承担法律责任，有利于保护债权人和社会公共利益，实现股东、公司债权人以及社会公共利益之间的平衡。

因此，在税法领域引入公司人格否认制度有利于加强对税收债权的保护和实现，公司人格否认制度通过否定被滥用的公司的法律人格，要求股东对公司的税收债务承担责任，重新恢复被滥用行为扭曲的税收分配关系，从而矫正被公司股东行为扭曲的负税不公，恢复纳税人本应承担的税收比例，在实质上践行量能课税，以彰显税收正义。

①刘剑文、丁一：《避税之法理新探》（下），载《涉外税务》2003年第9期。

4.3.2 公司人格否认制度有助于促进法秩序的统一

如前所述，尽管从立法目的、保护的法益以及调整方法等方面看，私法与公法的划分各具特点和规律，但现代国家对社会的治理是通过法律控制来实现。总体上，"公法与私法同为国家统一法秩序之部分法领域，统一在宪法指导理念之下"，法秩序具有统一性，"法治国家理念，包括公法、私法整体法秩序，而非将公私法视为对立物。是以基于意识形态之对立语，诸如'自由对强制''个人利益对公共利益'作为公私法区分，在宪法观点尚有未洽"，①立足于同一法秩序的立场，公法、私法作为宪法之下位法律，均须受宪法约束并体现宪法的宗旨和理念，不仅国家机关的行为应受宪法约束，民法对社会规范体系构建，其合法性与正当性也须限于宪法所允许的范围之内。在这个意义上，公私法与其说是基于意识形态而对法的区分，宁勿理解为国家实现社会治理而采取的不同规范工具。

现代社会日渐复杂化和多元化，基于19世纪社会背景下形成的公私法分离的法控制模式，已经难以应对当今繁重的社会治理任务，一方面在对环境保护、消费者权益保护、劳动者权益保护、个人权益保护等领域已经不可避免地采取公法、私法综合规范模式，另一方面"国家为达成行政上任务，得选择以公法上行为或私法上行为作为实施的手段"，

①葛克昌：《税法基本问题》，北京：北京大学出版社2004年版，第147-150页。

例如我国台湾地区的《行政程序法》第一百四十九条即明定行政契约,本法未规定者,准用民法的相关规定。

源于公司法且主要用于保护私法上债权的公司人格否认制度,并非私法所独占的工具,而是国家法律制度所提供的社会规范工具,其适用于税法领域,不仅有助于促进税收债权的实现,也有助于体现统一法秩序的理念。若非如此,则同为滥用股东权利所谓义务逃避,私法上的债权得依据《公司法》第二十条之规定寻求保护,而公法上的税收债权却缺乏救济手段,此种差别对待势必造成总体上法律制度的不合理、不和谐。

4.4　本章小结

大陆法系国家公法、私法分类的传统由来已久,公司人格否认制度属于民商法上的制度,而税法为私法,二者何以能够结合?如何结合?此种结合有何意义?此三点疑问,为主张公司人格否认适用于税法领域的基础问题。

源于私法上的公司人格否认制度之所以能够适用于税法,其原因在于基于国家与社会的二元分离。现代国家倾向于成为税收国家,国家放弃直接参与经营活动,而以征税所得作为主要财政来源承担保障和维系市场经济和社会秩序等公共产品供给,因此税务征收必须建立在私人财产、私人交易行为或交易结果之上,而此种私人财产、私人交易行为或结果首先必然由私法加以确认和规范。因此,规范国家征税行为的税法与规范私人经济活动的私法之间具有特别的关联，总体上，私法对税法具有相对的先在性和优先适用性，私法上的概念与制度对税法具有特别的影响。税法与私法之间的这种特别关系正是民商法上公司人格否认制度得以适用于税法的前提。

公司人格否认制度以股东违反诚实信用原则为基础原因，以保护债权人利益为宗旨，公司人格否认制度与税法的契合点在于税收权利的债权属性和股东对税收债权人的诚信义务。而在实体税收法律关系中，税收权利具有债权属性，属于公法上的债权，税收之债与私法上的法定之债在产生、主体、内容以及履行方式等方面相同，均基于法律的预先规定和特定的法律事实相结合而发生，属于特定主体之间履行特定行为的法律关系。基于权利的社会性，公司股东享有股东权利的同时，自当依据诚实信用原则行使该权利，对公司、其他股东及债权人等负有诚信义务。又鉴于税收之债的法定性，当应税事实符合税收法定要件时，税收债权债务当然发生，即使特定税收客体在名义上归属于公司或者特定的交易行为透过公司形式进行，但若该税收客体实质上归属于股东时，自应税事实符合税收法定构成要件之始即在股东与国家之间形成税收债权债务关系，股东作为税收债务人自当依据诚实信用原则对税收债权人负有诚信义务。

公司人格否认制度适用于税法领域，有助于彰显税收正义、促进法秩序的统一。由于税收的无直接对价性和无偿性，使税收征稽的正当性不能建立在交换正义的所得与所失之间数值相等之上，而只能从税负分配与给付能力之间的比例关系的平衡中获得。税法因此强调纳税主体自身税负与纳税能力的比例适当，以及这种比例在不同纳税人之间纳税的平等性。公司人格否认制度通过否定被滥用的公司的法律人格，要求股东对公司的税收债务承担责任，重新恢复被滥用行为扭曲的税收分配关系，从而在实质上践行量能课税，以彰显税收正义。源于公司法且主要用于保护私法上债权的公司人格否认制度，并非私法所独占的工具，而是国家法律制度所提供的社会规范工具，其适用于税法领域，不仅有助于促进税收债权的实现，也有助于体现统一法秩序的理念。

5 公司人格否认制度
在税法领域适用的标准与类型

　　我国2007年3月26日通过了《中华人民共和国企业所得税法》，在其第六章"特别纳税调整"部分，为制约各种避税行为提供了法律依据，成为我国首次较全面的反避税立法。[①]该部分在完善现行转让定价和预约定价法律法规的基础上，引入成本分摊协议、资本弱化、受控外国企业、一般反避税规则和针对避税行为加收利息等国外反避税立法经验，为打击各类避税行为提供了执法指引。

　　然而，以上立法内容对公司滥用法人格和有限责任来规避税收行为却是不知所措，因为新《企业所得税法》中反避税条款是建立在公司法人制度，即承认公司具有独立人格和股东具有有限责任的基础上形成的。但当公司滥用法人格和有限责任来规避税收时，如当公司经营陷入困境后，很多的公司会将其优质资产以各种方式转移到新成立的公司中，原

---

　　①贺连堂、王晓悦：《新企业所得税法中反避税立法内容剖析》，载《涉外税务》2007年第6期。

公司则成为无任何资产可追偿的"空壳公司",而新公司接受了大量的优质资产却无须承担原公司的债务。在这种情形下,只有通过否认法人格,让掌握控制权的股东来承担责任,即通过公司人格否认制度的适用,才能保障国家的税收利益。

5.1 公司人格否认制度在税法中适用的标准

公司人格否认制度是在公司的独立法人地位和股东有限责任这两项基本制度基础之上创建的,同时也可以认为是对这两项制度的修正或弥补。然而,关于公司人格否认制度的具体适用问题,由于我国2005年《公司法》第二十三条、第六十四条的规定过于原则化和抽象化,实践中缺乏对实际案例具有指导意义的具体规定,2003年最高人民法院公布的《关于审理公司纠纷案件若干问题的规定(一)》(征求意见稿,以下简称《规定(一)》),①其中对公司人格否认制度适用的条件和场合作了一定的限制,但规定仍存在较模糊之处,在具体适用过程中仍可能有无所适从之处。加之现实生活中纷繁复杂的公司纠纷存在,深入探究公司人格否认制度适用的标准成为连通这一理论与实践的出发点和关键点,进一步地也为这一项制度在税法领域的适用奠定基础。

---

①黄忠兰:《公司法人格否认制度的实证研究分析》,华东政法大学2011年硕士学位论文。值得注意的是,虽然该意见稿最终没有出台,但其中对人格混同情形、对一人公司情形的规定,在一定程度上影响了公司人格否认制度在司法实践中标准的形成。

5.1.1 公司人格否认制度适用的一般标准

公司人格否认制度是一项源起于英美法国家的判例制度，我国2005年《公司法》将其以成文法的形式固定下来可谓是一项创举，在公司法发展史上具有重要的模范作用。正因如此，这一成文化形式的宣示作用也积极地刺激着我国广大研究学者对这一项制度的深入研究，[①]其中较重要的一环就是对公司人格否认制度适用标准的研究。

（一）公司人格否认制度在公司法中的适用标准

纵观各国的司法实践，有关公司人格否认制度的适用标准较为繁杂，可谓是众说纷纭，不同的学者基于自身不同研究出发点形成了多种不同的观点。例如有的学者认为公司人格否认法理的适用场合可以概况为以下四个方面：（1）公司资本显著不足；（2）利用公司回避合同义务的场合；

---

①其中具有代表性的文献有：1.刘俊海：《论新〈公司法〉中的揭开公司面纱制度》，载《公司法评论》2006年第1期，北京：人民法院出版社2006年版；2.刘俊海：《新公司法中揭开公司面纱制度的解释难点探析》，载《同济大学学报（社科版）》2006年第6期；3.朱慈蕴：《公司人格否认：从法条跃入实践》，载《清华法学》2007年第2期；4.朱慈蕴：《公司法人格否认制度：理论与实践》，北京：人民法院出版社，2009年版；5.沈四宝：《揭开公司面纱：法律原则与经典案例选评》，北京：对外经济贸易大学出版社2005年版；6.张勇健、金剑峰：《公司人格否认制度研究》，载张穹主编：《新公司法修订研究报告（下册）》，北京：中国法制出版社2005年版；7.张兄来、李希：《公司人格否认制度的适用范围》，载《华东经济管理》2006年第1期；8.黄辉：《中国公司法人格否认制度实证研究》，载《法学研究》2012年第1期。

（3）利用公司规避法律义务的场合；（4）公司人格形骸化的场合。①有的学者认为公司人格否认制度适用的标准应包含以下内容：（1）公司资本显著不足；（2）公司人格混同；（3）过度控制；（4）公司形骸化。②朱慈蕴教授是20世纪90年代为数不多的对公司人格否认制度进行深入研究的学者，她的观点深入具体、剖析清晰，成为后来广大学者引证和学习的重要资料。因此，在众多的观点中朱慈蕴教授的观点被认为是最具代表性的。事实上，深究每位学者的观点其实并无本质的区别，只是表达方式或侧重点稍有偏差而已。目光聚焦点不外乎仍是公司资本是否充实，是否足以对外具有清偿能力；公司的财产、事务管理、人事、办公场所等是否与股东或母公司混同；公司是否利用公司独立法人的地位规避了某种义务等方面。

　　本书倾向于朱慈蕴教授的观点，即认为公司人格否认制度的适用标准有四大方面：公司资本显著不足、人格混同、过度控制、公司形骸化。然而，我们必须清楚的是，在实际案例中并非只要遇见以上四者之一的情形法院都毫不犹豫地

---

①王保树：《商法》，北京：法律出版社2005年版，第107-108页；蔡立东：《公司人格否认论》，载梁慧星主编：《民商法论丛》（第2卷），北京：法律出版社1997年版，第345-351页；虞政平：《股东有限责任——现代公司法律之基石》，北京：法律出版社2001年版，第305-313页。

②朱慈蕴：《公司法人格否认制度：理论与实践》，北京：人民法院出版社2009年版，第73-148页。

拒绝承认公司的独立法人地位，责令背后的股东来承担其责任。相反地，法院通常会结合具体案件的不同，综合考虑各方面因素，最终作出是否适用公司人格否认的决定。

（二）公司人格否认制度在公司法中适用时的关键因素

正如所言，法院会综合多方面因素，试图去平衡个体利益之间或个体利益与社会利益之间的冲突关系，加之现实生活中商业纠纷存在的形态纷繁复杂，笼统地直接地将公司人格否认制度适用于以上四种情形是不能达到该项制度设立的预期的，更有甚者会与其背道而驰。因此掌握公司人格否认制度在每种情形下适用应注重的关键点或应考虑的关键因素就变得十分重要。

（1）公司人格否认制度适用标准之一——公司资本显著不足的情形下，我们必须抓住几个关键点：①在分期缴纳制下，公司资本不足的衡量标准是以注册资本还是以实收资本为准；②公司资本不足的时间点的衡量标准是以成立时还是以成立后为准，还是无论成立时或成立后；③公司资本显著不足中"显著"这一概念应如何界定或计算；④公司资本显著不足时，股东承担补足出资责任与公司人格否认后股东承担无限责任的区别。对于以上几方面的问题，本书的观点是：不能一概而论，应据具体情况具体分析，例如对"显著"概念的界定，由于不同规模的公司存在，以一个量化的指标笼统地作为参考标准是不正确的，而是应结合公司经营事业的性质、规模、已经承担的债务或可以预见的债务多方面因素去衡量公司的资本现状。问题的关键点应回到公司资本显著不足的现状是否撼动了公司之基石——股东有限责任这一点上来。[1]

(2) 公司人格否认制度适用标准之二——人格混同的情形下，我们应抓住的关键点有：①在考虑的混同因素中，应以人、财、物为主，同时应兼顾银行账号、办公地点、会计账簿等表象因素，并进行综合考虑；②人格混同的认定，除考虑以上混同因素之外，混同的程度是否足以达到使公司丧失其独立性也是非常重要的；③人格混同适用于一人公司情形时，需要特别注意的是，一人公司的股东与公司财产混同的证明责任问题。[2]

(3) 公司人格否认制度适用标准之三——过度控制情形下，我们应抓住的关键点有：①股东因出资或持股过多而控制一家公司不是该项制度适用的理由，适用的标准应是股东的这种控制本身是不正当甚至非法的现象，而控制的目的是为股东争取利益，而非公司利益，或为逃避债务，扰乱市场经济秩序，损害债权人利益；[3]②股东对公司进行了持续的、广泛的控制和支配。因此，若股东实施的控制行为未

---

[1] 朱慈蕴：《公司法人格否认制度：理论与实践》，北京：人民法院出版社2009年版，第82页。

[2] 蒋大兴：《一人公司人格否认之法律适用》，"21世纪商法论坛·第六届国际学术会议"论文，清华大学，第178-181页。

[3] 周鑫：《法人人格否认制度在我国的具体适用》，载《中山大学学报论丛》2007年第6期；皮轶之：《公司人格否认刍议》，载《四川教育学院学报》2006年第3期。

导致公司利益受损或未损害债权人利益则不应当认定为过度控制。

(4) 公司人格否认制度适用标准之四——公司形骸化情形下，我们应抓住的关键点有：①公司形骸化的表现形式多样化，其与人格混同和过度控制在内容上存在一定的重合性，关键的区分点是程度上的不同，只有当人格混同、过度控制达到十分严重的程度，足以使公司的独立法人地位完全丧失或公司只是股东的代理机构时才被认定为公司形骸化；②"空壳公司"现象是公司形骸化最为极端的表现形式，也是最易被认定为公司人格形骸化的形式。

5.1.2 公司人格否认制度在税法中适用的标准

从20世纪90年代开始，我国学者开始对公司人格否认制度进行研究，时至今日相关文献已有几百篇之多，其中不乏有专著出现，可见公司人格否认制度作为一项西方的判例制度对我国公司法制度研究和发展产生的积极作用。但是我国众多学者对该项制度的研究大多是在该制度本身的理论依据、适用场合、适用范围、实证分析、司法适用等方面。就该项制度的适用范围而言，从已有的文献我们可以发现，我国学者主要将目光聚焦于该项制度在合同纠纷、侵权之债、劳动纠纷这些方面的适用，很少涉及税收领域。从香港中文大学的黄辉教授在2011年对我国公司人格否认制度司法适用所进行的实证分析中可以得到印证。在他收集的102个案例样本中，以合同之债作为请求权基础的案例数量为68件，占总数的66.7%；以侵权之债作为请求权基础的案例数量为7

件，占总数的6.9%，其余的为法定事由。①

（一）公司人格否认制度在税法领域适用缺失的原因

我国《公司法》第二十条第三款规定："公司股东滥用公司法人独立地位和股东有限责任，逃避债务，严重损害债权人利益的，应当对公司债务承担连带责任。"该法条未对债务进行任何意义上的界定，依最具代表性的分类方法，即按照学理解释进行分类，债务应包括合同之债、侵权之债、劳动之债、税收之债等。②从这层意义上分析，公司人格否认制度适用于税收之债没有理论障碍，是完全可行的。诚然，在美国，"揭开公司面纱"被广泛运用于侵权、契约、破产、税收等领域。③然而，从我国诸多的文献中，我们却发现我国学者将公司人格否认制度纳入税法领域，以求为税收债权人维护利益而进行的研究相当之少，其中以陈少英、④王震、⑤侯作前⑥为代表，另外，也有部分学者在公司人格否认

①黄辉：《中国公司法人格否认制度实证研究》，载《法学研究》2012年第1期。

②王保树、崔勤之：《中国公司法原理》，北京：社会科学文献出版社2006年版，第48页。

③陈现杰：《公司人格否认法理述评》，载《外国法译评》1996年第3期。

④陈少英：《论公司法人格否认制度在反避税中的适用》，载《法学家》2011年第5期。

⑤王震：《税收——如何揭开公司面纱》，载 http://www.fsou.com/html/text/art/3355789/335578943.html，访问于2013年12月26日。

⑥侯作前：《公司法人格否认理论在税法中的适用》，载《法学家》2005年第4期。

制度研究过程中以较少文字提及其在税法领域的适用。①

由此可见，公司人格否认制度在税法领域的研究可谓是相对空白，而现实商业生活中公司股东滥用公司的独立法人地位来逃避法定税收义务却是常有之事。现实生活对公司人格否认制度的急切需求与该项制度理论研究的缺陷之间形成了极大的反差，究其原因可能存在以下几方面：

（1）公法与私法的划分构成了公司人格否认制度在税法领域适用的障碍。

在大陆法系国家，法律往往被划分为公法与私法，公法主要以维护公共利益为其利益保护之重心，而私法则以保护私人利益为重心，其划分的根本意义在于有利于法律的适用，以及法律的秩序化。具体而言，意义在于有利于对生活中法律关系性质进行确定，对何种法律规定适用进行选择，对何种救济方式进行判断，以及决定案件应由何种性质之法院或审判庭受理，采用何种诉讼程序等。公司人格否认制度是公司法里的一项制度，具有明显的私法属性，而税法在性质上应属于公法的范畴，具有明显的公法属性。由此而言，试图将公司人格否认制度这一项私法制度纳入公法的框架下予以适用似乎有不可逾越的障碍或需深层次进行解析。其实不然，以上我们已经对公法、私法划分的根本意义进行了阐述，根本意义是有利于我们对法律的适用进行选择，有利于法

---

① 朱慈蕴：《公司法人格否认法理研究》，北京：法律出版社1998年版，第336—342页。

律的秩序化等，而非是为隔绝公法与私法的关系，在两者之间设置人为屏障，毕竟税法是公法中与私法联系最为密切的。①

（2）税法具有的行政法属性导致其与私法关系泾渭分明。通常情况下，税法被界定为行政法的子部门。然而，在税法发展之初，税法与私法关系的紧密程度以至于税法被视为是民法的"附庸法"。可见，税法与私法的关系具有深厚的历史渊源性。在税法逐渐成熟的发展过程中，税法所具有的行政法属性越来越突显，尤其体现在税收征纳法律关系中。税收行政机关与纳税人之间的权力服从关系使两者具有明显的不对等性，以至于税收法律关系究竟是权力服从关系还是债权债务关系的讨论一直不断。目前比较一致的观点是，税收法律关系最基本、最中心的关系应是债权债务关系，②是一种公法上的债权债务法律关系，虽与私法的债权债务存在一定的差异，但两者均符合债的形式要素。③因此，随着"公法私法化"的影响，税收债权债务关系的确立和市场交换理论的引入，税法的私法面也逐渐凸显了出来。④

---

① 刘剑文：《税法专题研究》，北京：北京大学出版社2002年版，第285页。

② [日]金子宏：《日本税法》，战宪斌、郑林根等译，北京：法律出版社2004年版，第20-21页。

③ 刘剑文、熊伟：《税法基础理论》，北京：北京大学出版社2004年版，第73-74页。

④ 叶金育：《税法与私法的解构与整合——征纳关系的视角》，载《甘肃理论学刊》2008年第6期。

（二）公司人格否认标准在税法中确立的正当性

首先，2001年我国《税收税收征收管理法》对民法中优先权制度、返还请求权制度、担保制度、保全制度等相关制度的引入成了私法制度税法领域适用的实例，为公司人格否认制度在税法领域适用创造了可能。其次，随着时间的推移，由于政治、经济、社会制度发生了巨大变化，公法与私法的划分正处于危急之中，[①]公法与私法之间正经历着"私法公法化""公法私法化"的过程，而这种过程的变化是完全顺应时代的发展的。[②]公法与私法的良性互动将有利于维护市场经济秩序，促进市场经济发展。[③]再次，结合现实商业活动中存在各类以公司独立人格和股东有限责任为掩饰进行逃避税收的现象，公司人格否认标准的确立可以弥补以经济实质与形式要素不一致情形下实质课税原则适用时所表现的无能为力，以便更有效地保护税收债权人利益。因此，公法与私法的差异、税法具有的行政法属性等原因不应成为公司人格否认制度适用税法领域的障碍，相反，应通过立法或相关司法解释确立适用的标准，制止形式多样的避税行为，扩大税收债权人救济途径，维护国家税收利益，最终实现税

---

① [美]约翰·亨利·梅利曼：《大陆法系》，顾培根等译，北京：法律出版社2004年版，第99-100页。

②黄杰：《浅析民法、行政法与经济法关系之立论前提》，载《法制与社会》2007年第8期。

③王琳：《私法与公法的良性互动与市场经济的有序发展》，载《山西高等学校社会科学学报》2007年第1期。

收的公平正义。事实上，我国税务机关已经开始做出启动法人格否认进行反避税的尝试，如2008年重庆渝中国税否认新加坡中间控股公司案①以及2010年江苏江都国税征收非居民企业间接股权税款案。②

5.1.3 公司人格否认制度在税法中的适用范围

公司人格否认制度在税法中的适用范围，即公司实施了何种滥用公司人格和股东有限责任来逃避税收义务，损害国家税收利益的行为，会导致法院拒绝承认公司之独立人格，责令公司背后之股东来承担责任。日本税法学者小树芳明认为，将公司人格否认制度具体适用到税法的什么领域是个难以回答的问题。在法人的设立和经营仅是以减少税负为目的的场合与法人设立无效的场合可以适用法人格否认，除此之外，都应当慎重。③随着各类为追求自身利益最大化的公司形态存在，或经营形式的存在，小树芳明的观点似乎已不能成为公司人格否认在税法中适用时的一种概括性结论。在某种情况下，公司进行或经营商业活动的程度或规模可以成为判断一个公司是否具有独立法人格的标准，公司介入或涉及的商业活动越多，被认为所具有的实质性要件越充分，相反，

---

①关于该案的案情的描述参见：《渝中区国税局采取措施加强非居民税收管理》，载重庆市国家税务局网站，http://www.cqsw.gov.cn/jc-sx/20081127111.HTM，2013年11月23日最后访问。

②徐云翔、赵军、宋雁：《最大单笔间接转让股权非居民税款入库》，载《中国税务报》2010年6月9日。

③[日]小树芳明：《法人税法概说》，有斐阁1980年版，第18页。

则会被认为是一个虚假交易而被否认其独立实体地位。①

（一）公司人格否认在税法中的适用范围研究情况分析

我国对公司人格否认制度在税法领域的适用范围的研究比较少，所形成的有代表性的观点也较少，总结起来，侯作前和陈少英的观点比较一致，认为在税法中适用公司人格否认的场合主要有两个，即利用公司规避法律义务的场合和公司人格形骸化的场合。②这种适用场合的分类和总结也是目前最具代表性的观点。在这种观点的指引下，有的学者进行了细化分类和深化研究，如杨省庭通过案例假设的方法分析了公司人格否认具体适用到税收领域的情形有两种：即不实或不足出资的情形和公司、股东人格混同的情形。同时他提出由于税收涉及社会公共利益，公司人格否认在税法领域的适用应当有着比私法领域更加严格的适用标准。③谢春来认为，公司滥用法人格逃避税收的方式层出不穷，但主要有三种情形：一是利用虚假设立登记、税务注销登记、税收管理环节漏洞和公司改制等滥用法人登记的方式；二是利用人格混同的方式；三是利用税收优惠政策的方式。④同时，苏妞认为，

---

①Hoffman Raabe Smith Maloney, Corporations, Partnerships, Estates & Trusts, West Publishing Company, 1996, p·2-7.

②陈少英：《论公司法人格否认制度在反避税中的适用》，载《法学家》2011年第5期。侯作前：《公司法人格否认理论在税法中的适用》，载《法学家》2005年第4期。

③杨省庭：《论公司法人格否认制度在税法领域的适用》，北京大学2008年硕士研究生学位论文。

④谢春来：《公司法人人格否认情形下的税法适用问题研究》，西南财经大学2008年硕士学位论文。

在税法中有必要引入公司人格否认制度，其适用场合包括两方面，即利用公司收入与个人收入的混同来规避税收法律义务和利用公司人格形骸化来规避税收义务的场合。[①]

鉴于公司人格否认制度在税法领域研究的相对缺失，以上学者的观点对本书具有重要的指导意义。其中值得注意的是，税法以维护社会公共利益为重心，关注的是国家或社会公共的需要，其与私法领域以维护个体利益有所不同，因此，在税法的适用范围上不能按照《公司法》的一般标准来要求，应体现出在税法适用上的特殊性。其次，着重研究利用法人格和股东有限责任来进行税收规避的各类具体情形，尤其应通过收集尽可能多的案例加以佐证研究，会更好地帮助该项制度在税法中适用时进行归纳分类。

（二）公司人格否认制度在税法中的适用范围分析

随着经济社会的不断发展，公司在自身利益最大化的驱使下，各类避税行为和方式层出不穷，加之我国目前税收法律法规的不健全，税收征管执法工作的不完善，作为公司常用避税方式之一的利用公司人格来规避税收行为也呈现出普遍发展之势。

公司独立法人格和股东有限责任作为公司法制度的两大基石，对公司法制度的完善具有巨大的推动作用。在现实商业生活中，公司利用其独立法人格进行避税主要是为逃避的

[①]苏妞：《公司法人格否认制度在税法中的运用》，载《法制与社会》2011年第1期。

税收有：企业所得税、个人所得税、增值税等。在规避企业所得税方面，如当企业所得税率高于个人所得税率时，非法人股东可将公司收入转为个人收入，以避免适用税率较高的企业所得税；或在人格混同的公司之间，当各公司分别处于不同税率的区域时，公司可通过转移利润的方式以逃避税率较高区域的企业所得税。在规避个人所得税方面，因我国个人所得税实行累进税率，当个人所得税高于企业所得税率时，非法人股东则可将个人收入转移至其设立的公司账下，以逃避适用税率较高的个人所得税。

公司滥用法人格以规避企业所得税或个人所得税的行为已逐步引起税收征管机关的关注，但由于对这方面法律法规的缺失，以及实践中案例指导的缺少，征管机关常常是无所适从。因此，笔者认为，探讨公司人格否认制度在税法中的适用范围具有重要意义，其主要适用于以下几种情形：

（1）虚假法人登记。公司始于设立登记，止于注销登记。在存续的这一期间内，公司作为一个独立的实体具有独立的法人资格，股东以其出资额为限对公司承担有限责任。因此，公司股东为最大化自身利益，极易可能会利用虚假设立公司的形式或故意非法注销公司的形式来逃避税收义务。

当公司故意虚假设立时，如公司注册资本不实，要么股东虚假出资以骗取法人资格，公司实际上无任何可供对外清偿的责任财产；要么股东抽逃出资使公司成为一个空壳，由于有公司法人"面纱"的阻隔，切断了税务机关与公司股东的关系，最终使这部分税收利益将无法得到保障。其次，当公司故意办理注销登记时，依现行的税收征收管理规定，只要公司办理了税务注销登记，公司才不再负有纳税义务，即无须进行纳税申报，亦无需向税务机关报送有关资料。即使发现因纳税人失误未缴或少缴税款的，税务机关也应在三年内追征，特殊情况下可延长到五年。然而实践中，公司往往有非法注销登记的故意，在主管税务机关办理注销登记时，其账簿、数据等已经做得相当"干净"，加之税务机关注销清算手段相对滞后，客观上很容易让公司有机可乘。即使注销三年后发现公司存续期间有税收债务也无法追偿，公司的纳税义务已自然免除，就更谈不上股东为公司承担责任了。

（2）人格混同。人格混同往往包括财产混同、经营管理事务混同、人员混同、办公场所混同等几种情形。①财产混同主要表现为公司财产与股东个人财产混同、母子公司之间财产混同和姐妹公司之间财产混同；人员混同与办公场所混同较相似，主要适用于母子公司和姐妹公司之间人格混同；经营事务混同主要表现为公司经营管理由控制股东和母公司决定，自身无独立进行经营活动。

在税法领域，利用人格混同进行避税主要体现在集团公司交易的一系列行为中。我国2008年通过的《企业所得税法

---

① 朱慈蕴：《公司法人格否认制度：理论与实践》，北京：人民法院出版社2009年版，第107-111页。

实施条例》对关联方进行了界定，①从而有助于实践中关于关联关系之企业的认定，也有助于税务机关对其实施之行为采取一定措施。在集团公司之间的交易中，一家公司可能会为另一公司的利益需要去设定交易行为、交易方式、交易价格等，如通过高价进、低价出的方式，或通过向另一企业贷款，支付以高额利息的方式等将利润转移到另一企业，或者通过虚增本企业费用等降低本企业利润，从而有效规避本企业税收。

（3）公司形骸化。公司形骸化是指公司与股东完全混同，使公司成为股东的另一自我或成为其代理机构和工具，以致形成股东即公司、公司即股东的情况。其主要表现为股东对公司的过度控制、人格混同以及最为极端典型的"空壳公司"等几种情形。值得注意的是，公司人格形骸化与人格混同在内容上存在重叠和交叉。区别之处在于，只有当上述情形达到十分严重的情形，以至于公司的独立法律人格已名存实亡时才可被认定为形骸化。如在集团公司中，母子公司之间存在控制与被控制的关系，极易使子公司丧失独立法律人格的完整性，但这并非必然导致人格否认的适用，相反，法院一般情况下会维持"面纱"。只有当母公司对子公司实

①2008年《中华人民共和国企业所得税法实施条例》第一百零九条规定："企业所得税法第四十一条所称关联方，是指与企业有下列关联关系之一的企业、其他组织或者个人：（一）在资金、经营、购销等方面存在直接或者间接的控制关系；（二）直接或间接地同为第三者控制；（三）在利益上具有相关联的其他关系。"

施了过度的控制，即：（1）持续、广泛的经营权的控制；（2）为不正当利益而为的销售权的控制；（3）对公司债权人造成严重损失时，才有可能导致公司人格否认的适用。

我国理论界对公司形骸化的认识较为一致，以其作为公司人格否认在税法领域的适用情形之一具有重要的理论指导意义。在实践中，股东利用其控制权形骸化公司财产的现象已经广泛存在，当税务机关要求公司履行纳税义务时，公司实质已成一空壳无任何责任财产而言，税收债权人的利益无法得到保障。于此，否认公司的独立法人资格，责令滥用控制权的股东来承担纳税义务以此保障税收债权人利益将成为唯一选择。如在Commissioner V.Bollinger一案中，Bollinger公司本身无任何工作人员、银行账号以及责任财产。最后法院认定公司只是为实现合伙组织利益而形成的代理机构，否认了Bollinger公司的法人资格，判令合伙组织履行缴纳税款的义务。①

5.2　公司人格否认制度在税法中适用的基本类型

类型化是人类的基本思考方式之一，其合理性依据在于称其为类型的那一类事物往往多次出现并且具有大致相同的外部特征。②这种思考方式在法学研究中具有重要地位，比如

---

① [美]谢里尔·D·布洛克：《公司税案例与解析》，北京：中信出版社2003年版，第25页。

②吴从周：《译序》，载亚图·考夫曼：《类推与"事物本质"——兼论类型理论》，吴从周译，台北：学林文化事业有限公司1999年版，第13页。

合同法研究中，针对纷繁复杂的合同样态，通过类型化整理，可以归纳出买卖合同、租赁合同等诸多典型合同形式，不仅有助于人们认识各种具体的合同行为，也有助于指导将来的新合同形态。某类事物具有相同或类似的基本特征是该类事物能够成为类型的基础，因此"类型之构成以其特征结合成的整体形象为依据"，"对类型之归类和判断，应以整体性为标准"。①类型化思维于税法研究和适用也具有重大意义，在税法上，"有鉴于税法之大量特征，基于简化稽征行政工作，提高行政经济效率之实用性原则考量，认为在税法的执行适用上，应予类型化，提供预先制定的解决模式，以减少调查活动，节省举证困难，以减少稽征成本"。②股东滥用公司法独立法律人格和股东有限责任的行为的具体方式层出不穷，因此，采取类型化思维的方式，通过对这些行为基本特征的适度抽象归纳出常见的类型，不仅有助于深化对该些行为特征和样态的认识，也有助于对司法实践提供有益的指导。

5.2.1 "股权交易"之类型

股权交易情形下公司独立人格的滥用很少发生在民事领域，为税法领域公司独立人格滥用的特殊类型，主要表现为两种情况：

其一是利用股权转让与财产转让不同税负之规定，以股

①李可：《类型思维及其法学方法论意义》，载《金陵法律评论》2003年秋季卷。

②陈清秀：《税法上类型化观察法》，载《植根杂志》1991年第11期。

权转让之名行财产转让之实，以减少直接转让财产所应承担的税款。在我国税务实践中最为常见的是以股权转让之名，行土地使用权转让之实，以规避缴纳土地增值税。

其二是利用不同国家或地区之间税法规定和税负的差异，通过在低税负的国家或地区转让所持目标公司股权的方式，间接地转让位于高税负国家或地区的财产，从而逃避本应在高税负国家或地区缴纳的税款。

股权交易情形下公司独立人格的滥用与通常的税收规避行为极易混淆，二者均表现为以股权转让之名行财产转让之实，但二者仍具有根本的差异。以股权转让之名行财产转让之实以规避税收，体现为行为人对法律提供的法律关系的选择，使财产转让的形式与税法规定的税收成立要件不符，从而规避税法适用，因此在征税机关运用实质课税原则之前，基于税收规避行为的纳税义务并未成立。而股权交易情形下公司独立人格的滥用则表现为以公司独立人格作为工具，直接表现为对公司人格的滥用或者股东有限责任的滥用，在此种情形下，公司形式仅仅是行为人达成财产转让的手段，公司存在本身缺乏合理的商业目的。

股权交易情形下公司独立人格的滥用具有以下特征：在外观上表现为以股权转让之名行财产转让之实，以减轻或者免除直接转让财产所应依据财产形式或财产所在地的税法应承担的税务负担。在实质上表现为对公司独立法人格的滥用，即以不具备合理商业目的的目标公司作为名义上的财产权属人，透过对该公司人格的操控以达成财产转让的目的。

"合理商业目的"判断规则源于拉姆齐原则（Ramsay Principle），①该规则是由是英国上议院在英国税务局诉拉姆齐案（IRC v.Ramsay）和英国税务局诉伯马石油公司案（IRC v.Burmah Oil Co.Ltd.）中确立的，该两宗判例均涉及：公司获得了大笔的资本收入或遭受了损失，试图通过一系列复杂但无实质后果的交易，制造出人为的资本损失，借此避免缴纳部分资本所得税。英国上议院认为，一项事先安排好各个步骤的交易行为，如果除了避税外不具有任何商业上的目的，则应当以整个交易整体来判断其在税法上的效果，是为拉姆齐原则（Ramsay Principle）。②我国《企业所得税法》第四十七条"企业实施其他不具有合理商业目的的安排而减少其应纳税收入或者所得额的，税务机关有权按照合理方法调整"，正式引入"合理商业目的"判断规则，在此基础上，《企业所得税法实施条例》第一百二十条进一步规定："企业所得税法第四十七条所称不具有合理商业目的，是指以减少、免除或者推迟缴纳税款为主要目的。"国家税务总局《特别纳税调整实施办法（试行）》第九十二条则列举了不具有合理商业目的的安排的数种类型：（一）滥用税收优惠；（二）滥用税收协定；（三）滥用公司组织形式；（四）利用避税

①See generally Robert Walker, Ramsay 25 Years On: Some Reflections on Tax Avoidance, 120 LAW Q.REV.412 (2004) (discussing the evolution of the original doctrine).

②Bartlett.Rt, The Constitutionality of the Ramsay Principle. British Tax Review, 1985 (6): p.338-340.

港避税；（五）其他不具有合理商业目的的安排。其中明确将"滥用公司组织形式"作为不具备合理商业目的安排的一种类型，《关于加强非居民企业股权转让所得企业所得税管理的通知》第六条进一步强调不具有合理的商业目的，是否定被用作税收安排的境外控股公司的存在的基本要件。

基于股权交易情形下公司独立人格的滥用的特征，股权交易情形下公司人格否认需具备以下构成要件：

要件一：发生了财产转让事实；

要件二：股权转让之目标公司的存在缺乏合理商业目的；

要件三：股权转让以税收逃避作为目的。

"沃尔玛收购好又多股权涉税案"充分体现了股权交易情形下公司独立人格滥用的特征和实施公司人格否认的要件。

该案的基本案情是：设立于英属维尔京群岛 BOUN-TEOUS COMPANY LIMITED 公司（简称"BCL公司"）为中国境内广州好又多控股有限公司的控股公司，BOUNTEOUS HOLDING COMPANY LIMITED（简称"BHCL公司"）为BCL公司的控股股东。

2007年2月，美国沃尔玛公司从BHCL公司以2.64亿美金购买了BCL公司35%的股权，同时以3.76亿美金购买了BHCL公司发行的贷款。该贷款以BHCL公司持有的对BCL公司投资的30%的股份为抵押。2012年6月15日，沃尔玛公司通过设立在英属维尔京群岛的 MMVI CHINA INVEST CO.LTD（简称

"MMVI公司") 收购BCL公司其余的65%股权, 支付对价为
1.005亿美元现金, 同时MMVI公司同意放弃3.76亿美元贷款
追索权。通过这两次交易, 美国沃尔玛公司实际控制了BCL
公司100%的股权, 达到了控股中国境内好又多公司的目的。
其交易结构图示如下:

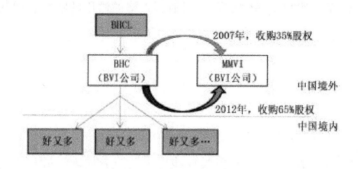

2012年底, 深圳市国家税务局向国家税务总局提交了
《关于沃尔玛收购好又多股权事项的请示》 (深国税发
〔2012〕76号) 的报告, 2013年2月21日, 国家税务总局发布
了《国家税务总局关于沃尔玛收购好又多股权事项的批复》
(税总函〔2013〕82号), 认为对2008年1月1日后完成的股权
转让交易, 依据其经济实质认定为BCL公司股东BHCL公司直
接转让中国境内企业股权, 因此, BHCL公司负有中国企业
所得税法规定的纳税义务, BHCL公司应分别到各好又多公
司企业所得税主管税务机关申报和缴纳税款。

在本案中BHCL公司透过设立于英属维尔京群岛的BCL公
司, 以转让BCL公司股权之名, 实际上转让其对中国境内广
州好又多控股有限公司股权, 目的在于规避我国《企业所得

税法》的适用，从而达到免于纳税的目的，因此构成对BCL公司人格的滥用。在股权交易中，BCL公司仅仅是BHCL公司达成转移广州好又多控股有限公司股权的工具，并不具备合理的商业目的。因此，本案BHCL公司股权转让的行为符合股权交易情形下公司独立人格的滥用的特征，满足股权交易情形下公司人格否认的构成要件。《国家税务总局关于沃尔玛收购好又多股权事项的批复》否认BCL公司法律人格，直接以BCL公司的控股股东BHCL公司作为税收债务人承担税负，符合我国《企业所得税法》及公司人格否认之法理。①

5.2.2 "空壳公司"之类型

此种情形下，股东通过欺诈或其他不正当手段侵蚀公司用于承担税收债务的资产，利用股东有限责任，最终达成逃避承担公司税负的目的。这种税收逃避方式的实质是通过滥用公司独立人格和股东有限责任回避法律义务。例如，当公司经营陷入困境后，将公司优质资产对外投资，利用公司独立法律人格的财产和责任区隔，使债务与资产分离，原公司无资产可供清偿债务，徒具形式成为"空壳"，"这种方式被很多地方政府视为解决国企亏损的'良策'，原公司债权人的权益包括税收债权因而难以得到实现"。②又如采取抽逃出资、内幕交易等方式抽空公司资产，损害债权人利益等，

---

①当然，税务总局作为行政机关直接否认公司人格在程序上是否得当，是另一问题。

②陈少英：《论公司法人格否认制度在反避税中的适用》，载《法学家》2011年第5期。

手段不一而足。黄辉教授通过对2006年1月1日起到2010年12月31日止人民法院审理的公司人格否认案例进行研究表明，通过欺诈或其他不当行为侵害债权人利益，人民法院实施人格否定的比例高达62.50%。[①]在美国，欺诈造成资本不足也是法院实施公司人格刺破的通常理由，因此，此种情形下否认公司人格已为司法实践所认可。在此种情形下，构成公司人格否定的要件包括：

要件一：股东有欺诈或其他侵害公司资产的不正当行为；

要件二：股东行为致使公司资产不足以缴纳公司应承担的税务。

5.2.3 "人格混同"之类型

人格混同是指"公司与股东以及其他公司人格完全混为一体，以至于形成股东即公司、公司即股东的情况"。[②]此种混同可以表现为财产混同、经营管理事务混同、人员混同、办公场所混同等几种混同方式。

财产混同往往体现股东与公司，以及母子公司或受到同一控制的关联公司之中。公司财产独立和区隔，是公司独立法人格和有限责任制度的基础。一旦股东与公司、公司与公司之间在营业场所、资产设备、财务账簿公司等方面发生混

[①]黄辉：《中国公司法人格否认制度实证研究》，载《法学研究》2012年第1期。

[②]朱慈蕴：《论公司法人格否认法理的适用要件》，载《中国法学》1998年第5期。

同，股东可以根据自己的利益需要调用公司资产或在受控公司之间任意进行财产调拨，将严重损及公司资本维持和资本不变等原则，进而使公司债务缺乏明确的责任财产担保。

公司作为营利法人，其行为主要表现为从事各种经营事务，因此严格遵守公司独立形式，则股东与公司之间、不同公司之间在业务上应该有明确的区分。而业务混同主要表现为股东与公司以及母子公司或受到同一控制的关联公司业务缺乏独立性，均受到相同的控制人或者决策机构的指挥与控制。公司业务经营往往以股东个人名义进行，以至于与之进行交易的对方根本无法分清是与公司还是与股东个人进行交易活动，公司人格在外观上完全丧失独立性。

组织机构混同往往表现为各个公司之间董事、监察人相互兼任，经营决策等权利均由相同投资者控制。在我国通常表现为"几个牌子，一套人马"，"公司之间董事或经理完全一致，甚至雇员都完全一致"。①

在公司人格混同的情形下，构成公司人格否定的要件包括：

要件一：股东与应纳税公司之间或者应纳税公司与受同一控制的其他公司之间具有资产、业务或组织机构混同的事实；

要件二：应纳税公司资产不足以缴纳公司税务。

---

① 朱慈蕴：《论公司法人格否认法理的适用要件》，载《中国法学》1998年第5期。

5.3 公司人格否认制度在税法中适用的扩展类型初探

股东滥用公司人格和有限责任损害债权人利益，股东应承担连带责任，这种股东滥用权利和责任承担的方式是公司人格否认制度在公司法上适用的传统领域。时至今日，根据责任的流向，公司人格否认已经突破传统适用领域，出现了扩展适用的情形。[①]这主要体现为公司人格的反向适用和姐妹公司之间的人格否认两种情形。

5.3.1 "反向适用"与"姐妹公司"之情形

在"反向适用"问题上，"反向适用"即"反向揭开公司面纱"，其与传统公司人格否认责任流向相反，旨在让公司替股东承担责任或母子公司情形下子公司替母公司承担责任。"反向揭开公司面纱"在公司法上的适用，目前国内学界存在分歧，有学者指出"反向揭开公司面纱"需要权衡和考虑更多利益因素，在某种程度上来讲是对传统公司法理念的颠覆。[②]也有学者认为这两种理论的适用从表面上看所导致的结果是相反的，但实质却是相同的或一致的。[③]朱慈蕴教授也在其著作中以"常州凯瑞针织印染有限公司与骏隆机

---

① 廖凡：《美国反向刺破公司面纱的理论与实践》，载于《北大法律评论》2007年版第8卷第2辑。

② 施天涛：《公司法论》，北京：法律出版社2006年版，第42页。

③ 江平、李国光主编：《最新公司法理解与运用》，北京：人民法院出版社2006年版，第394页。

械有限公司、常州仁舜针织印染有限公司买卖合同纠纷案"为例指出早在新《公司法》颁布以前,我国司法实践中就已经有"反向揭开公司面纱"的案例出现。[①]

在姐妹公司之间人格否认问题上,姐妹公司极易出现人格混同、不当利益输送和不当财产转移等情形。揭开姐妹公司之间的"面纱",表面上是责令姐妹公司为彼此对方承担责任,实质上重要的是找寻姐妹公司背后的控制股东,让其为滥用姐妹公司人格之行为承担责任,这一点与公司人格否认的传统适用领域相一致。姐妹公司之间"面纱"的揭开是一种在特殊状态下的复杂情形,贸然对这一项制度的引入可能会弄巧成拙。[②]

于此,本书讨论公司人格法否认制度于税法领域的适用主要是基于公司人格否认的传统适用,而在税法领域是否有可能引入公司人格否认的扩展类型,以及如何引入等都将是我们不得不回答的问题。

问题一:将姐妹公司之间人格否认适用于税法领域是否具有正当性和必要性。实际上,姐妹公司之间的业务往来可以界定为"企业与其关联方之间的业务往来",应依据《企业所得税法》第四十一条之规定:"企业与其关联方之间的业务往来,不符合独立交易原则而减少企业或者其关联方应

---

① 朱慈蕴:《公司法人格否认制度——理论与实践》,人民法院出版社2009年版,第53页。

② 楼东平、陈文东:《人格混同的姐妹公司共担责任的法理基础分析》,载《法治研究》2010年第4期。

纳税收入或者所得额的，税务机关有权按照合理方法调整。"客观上，姐妹公司之间实施的税收安排，税务机关可按照独立交易原则计算两个公司的应税收入，可以不用揭开姐妹公司"面纱"追究背后股东的责任。换言之，利用姐妹公司人格混同逃避税收的行为，税务机关可按照独立交易原则进行纳税调整，重新计算两个公司的应纳税所得额，无须援用公司人格否认制度。

问题二：公司人格"反向否认"适用于税法领域是否具有正当性和必要性。以个人所得税为例，实践中，因我国实行个人所得税累进税率，非法人股东为逃避个人所得税，当个人所得税高于企业所得税率时，非法人股东则可将个人收入转移至其设立的公司账下，以逃避适用税率较高的个人所得税。在这种情形下，公司人格"反向否认"的适用将透过非法人股东与公司之间的"面纱"，让公司为非法人股东逃避个人所得税的行为负责，有效制止个人所得税的流失，积极保障了国家税收利益。

5.3.2 "常设征税"之类型

目前世界各国的企业所得税的课税原则是根据企业利润来源进行不同方式的征税，主要分为企业利润来源地课税和同时对居民企业所在地和利润来源地课税的两种不同的征税方式。

（1）来源地课税又称常设征税原则，是指只有来源自本国或地区的利润才须在本国或地区课税，来源于他国或地区的利润不征税。实行该办法的国家和地区主要是传统的拉丁

美洲和非洲的一些发展中国家、经济自由度较高的新加坡以及发达国家中的法国等;

(2) 同时行使来源地课税和居民税收管辖权课税,采用抵免法或扣除法消除或减轻双重征税。大部分国家均行使来源地税课税和居民税收管辖权课税的征税原则,如我国大陆地区。

常设征税原则要求就来源于本国和地区的所得缴纳企业所得税,在公司人格否认扩展适用的思路指导下,主要有两方面的内容需详细考察之:居民企业股东利用境内的分支机构逃避税收和非居民企业股东利用设立在我国境内的分支机构逃避税收可否扩展适用公司人格否认制度。

(一) 居民企业股东利用境内的分支机构逃避税收可否扩展适用公司人格否认的问题。关于在外省设立的分支机构是否会被视为独立机构,主要看其是否具备法人资格。分支机构不具备法人机构的,则应根据《中华人民共和国企业所得税法》第五十条第二款之规定,进行汇总纳税。[①]而在实践中存在这样的情形,即分支机构不将其利润汇总到总公司,或总公司故意对这部分利润进行隐瞒的行为,由于总公司与分公司所处地域的不同,极易因两地税务机关的征管不作为或征管不到位而损失这部分税收收入。本书认为,针对以上这种分公司不汇总纳税或总公司隐瞒纳税的情形,应通过加

[①]《企业所得税法》第五十条第二款规定:"居民企业在中国境内设立不具有法人资格的营业机构的,应当汇总计算并缴纳企业所得税。"

强税务机关的征管力度、提高税务机关的执法水平等方式来查处这一行为，为国家挽回税收损失，不应考虑公司人格否认扩展适用的问题。

（二）非居民企业股东利用设立在我国境内的分支机构逃避税收可否扩展适用公司人格否认的问题。按照我国《企业所得税法》第三条第二款和第三款之规定，①我国税法对非居民企业是否有征税权取决于在我国境内是否设立有机构和场所以及是否来源于境内，满足其中任一条件，我国税法就具有征税权。实践中，非居民企业股东滥用其控制权故意逃避就来源于我国境内之分支机构的所得的情形是存在的，给我国税收利益造成了巨大的损失，虽然国际税法已有相关的制度予以规制，但我国税法却缺乏相关的规定以规制这一行为。本书试图将公司人格否认的扩展思路引入，以追究非居民企业股东法律责任的方式防范和制止利用设立在我国境内的分支机构以逃避税收的行为。具体来说，这种做法"扩张"了在我国境内的分支机构的"人格"，相应地，它一定伴随着对非居民企业法人资格的"忽略"和"否认"。

在常设征税情形下，通过"扩张"拟定外国企业分支机

---

①《企业所得税法》第三条第二款和第三款规定："非居民企业在中国境内设立机构、场所的，应当就其所设机构、场所取得的来源于中国境内的所得，以及发生在中国境外但与其所设机构、场所有实际联系的所得，缴纳企业所得税。非居民企业在中国境内未设立机构、场所的，或者虽设立机构、场所但取得的所得与其所设机构、场所没有实际联系的，应当就其来源于中国境内的所得缴纳企业所得税。"

构的"人格"的做法，构成公司人格否认的要件包括：

要件一：外国企业滥用其对设立在我国境内的分支机构的控制权；

要件二：外国企业实施了为逃避我国企业所得税的税收安排；

要件三：我国企业所得税利益遭受损失。

5.3.3 "维护个人所得税"之类型

按照我国《个人所得税法》之规定，个人所得税的税目既可以分为劳务所得、经营所得和其他所得三大类，也可以分为如工资薪金所得等十一个小类。我国实行个人所得税累进税率，以工资薪金所得为例，其税率为3%-45%。而按照我国《企业所得说法》之规定：现行税制中的企业所得税率为25%；非居民企业税率为20%；符合条件的小型微利企业税率为20%；国家重点扶持的高新技术企业税率为15%。

在目前的个人和企业所得税制安排下，对高收入非法人股东而言，适用高税率就意味着个人收入的减少。因此，在个人利益的驱使下，非法人股东利用对公司的控制权，为规避适用高税率或当个人所得税率高于企业所得税率时，可将个人收入转移至其设立的公司账下，以逃避适用税率较高的个人所得税。相反，对于某些小规模的私营企业主，个人收入处于中低档水平时，企业所得税率有可能高于个人所得税率，在这种情形下，私营企业主极易可能将企业收入转移至个人名义账下，以逃避适用税率较高的企业所得税。

本部分从为维护个人所得税利益的角度，将公司人格否认扩展思路引入的基本途径是：当非法人股东利用其控制权，将个人收入转移至公司账下以逃避适用税率较高的个人所得税情形时，"否定"了公司与非法人股东各自独立的人格，让公司为非法人股东的逃税行为承担责任。换言之，这是公司人格否认"反向适用"的经典表现，是与公司人格否认相比之下，对责任承担主体的"反向找寻"。

维护个人所得税情形下，构成公司人格否认的要件包括：

要件一：非法人股东实行了逃避个人所得税的税收安排；

要件二：据非法人股东个人收入情况和现行税制，个人所得税率高于企业所得税率；

要件三：我国个人所得税利益遭受损失。

5.3.4 "公司注销"之类型

公司始于设立登记，止于注销登记。在存续的这一期间内，公司作为一个独立的实体具有独立的法人资格，股东以其出资额为限对公司承担有限责任。因此，公司股东为最大化自身利益，极易可能会利用虚假设立公司的形式或故意非法注销公司的形式来逃避税收义务。

前文已对利用虚假设立公司的形式逃避税收义务的相关问题进行了讨论。依《公司法》的相关规定，当公司章程规定营业期限届满、公司内部协议解散、公司宣告破产、被其他公司收购或被依法责令关闭，公司可以申请注销，吊销营业执照即公司注销。公司注销的程序比较复杂，而最重要的一环就是注销公司国、地税登记证，依现行税收征收管理之规定，只要公司办理了税务注销登记，公司将不再负有纳税义务，即无须进行纳税申报，亦无须向税务机关报送有关资料。即使发现因纳税人失误未缴或少缴税款的，税务机关也应在三年内追征，特殊情况下可延长到五年。而实践中，公司故意利用注销公司的形式逃避税收，凭借公司与股东之间"面纱"的阻隔，使本应由公司承担的税收义务因公司已注销的法律事实而无从寻找责任承担主体，最终使得国家这部分税收利益落空。

从税收征管的角度考虑，在这种情形下，公司往往有非法注销登记的故意，在主管税务机关办理注销登记时，其账簿、数据等已经做得相当"干净"，加之税务机关注销清算手段相对滞后，客观上很容易让公司有机可乘。即使注销三年后发现公司存续期间有税收债务也无法追偿，公司的纳税义务已自然免除，就更谈不上股东为公司承担责任了。因此，利用税收征管法对公司故意利用注销的形式逃避税收的行为进行事后规制，在一定程度上无能为力。

相反地，从公司人格否认的角度考虑，公司故意利用注销公司的形式逃避税收，可界定为股东滥用其权利损害国家税收债权人利益的行为，可通过"扩张"已经注销的公司人格的方式，责令公司股东为公司存续期间的税收债务承担责任，能更有效地保障国家税收利益。公司注销情形下，构成人格否认适用的要件包括：

要件一：公司存在非法注销公司的故意；

要件二：公司实施了非法注销公司的行为。

5.4 本章小结

本章首先对公司人格否认制度在公司法中的适用标准以及在适用中的注意点进行探讨，试图为其适用于税法领域做好理论铺垫。在适用标准问题上，不同学者基于不同的研究视角得出了不同的结论，但坚持的判断标准是相差无几的，即关注公司资本是否充实，是否足以具有对外清偿能力；公司的财产、事务管理、人事、办公场所等是否与股东或母公司混同；公司是否利用公司独立法人的地位规避了某种义务等方面。

公司人格否认制度是公司法上的一项制度，其在商法领域内的研究较多，而在税法领域的研究却相对较少，其主要原因主要归结于两方面：一是公法与私法的划分为公司人格否认适用于税法领域设置了人为障碍；二是税法具有的行政法属性使得与私法的关系泾渭分明。基于对公法与私法划分的意义以及税法与私法的历史渊源性分析，公司人格否认适用于税法不应有任何障碍，更应积极创建该项制度适用的法律环境。

于此，公司人格否认在税法领域的适用主要有三种情形：一是利用法人登记逃避税收的情形，具体而言，是指利用虚假设立公司的形式或故意非法注销公司的形式来逃避税收义务；二是利用人格混同逃避税收的情形，具体而言，通常表现为利用股东与公司之间、母子公司之间以及姐妹公司之间的人格混同,转移利润以达到逃避税收目的的行为;三是公司形骸化的情形,具体而言,公司与股东完全混同,使公司成为股东的另一自我或成为其代理机构和工具。"空壳公司"是公司形骸化最典型的类型,实践中通过设立空壳公司以达到逃避税收的目的。

最后,对公司人格否认在税法领域适用的情形进行类型化分析,以理论与案例相结合的方式对不同类型进行具体分析,总结出各类型所具有的适用要件,为该项制度在实践中具体适用提供详细的判断标准。

6 税法中适用公司
人格否认制度的制度保障

在前文中，我们对公司人格否认在税法中的适用实体性问题进行了讨论。在本部分中，笔者主要就如何通过行政执法和司法来确保在税法中适用公司人格否认制度等问题进行进一步的讨论。本部分主要以执法经济学为理论背景，讨论行政执法、司法等执法方式如何进行有效的制度构建来确保在税法中有效地实施公司人格否认制度。

6.1 税收执法中适用公司人格否认制度的理论解释

当存在通过公司人格否认制度来规制税款征收时，在实体性法律规则已经建立之后，如何采取有效的措施来保证相关法律规则得到有效的执行就成为我们所要讨论的问题。在本节中，笔者主要对税收执法的理论基础与法律依据、税收执法模式的选择（直接执法抑或间接执法）、公司人格否认中税收执法机制构建的路径选择、间接执法模式（诉讼）的理论依据与制度构建等问题进行讨论。通过对这些问题的讨论，对税收执法中适用公司人格否认制度的制度逻辑进行理论解释。

6.1.1 税收执法的理论基础与法律依据

法律可以通过执法、守法和司法得以实施。税收执法是税法实施的制度保障，税法在公司人格否认领域也需要通过法律的执行来保障其得到有效的实施。在前文中，笔者已经论述，作为税收债权人的税务机关，其所拥有的债权可能会因公司纳税义务人滥用公司人格，来逃避该项债务。那么，在公司纳税义务人滥用公司人格逃避债务时，税务机关可以采取什么样的方式来保障税款的征收呢？换句话说，在纳税义务人不按照法律要求遵守法律时，税务机关可以采取什么措施来实现税款征收之目的。

一般而言，根据执法主体的不同，公共执法和私人执法是法律执行的两种基本类型。①在对执法理论的讨论过程中，这两种执法模式已经较为成熟。所谓公共执法是指"通过公共机构（检查员、核税官、警察、检察官）发现和制裁法律规则的违反者"。②从学者对"公共执法"的界定我们可以发现，公共执法是通过国家机关及其工作人员来对违反法律的事实进行调查，强制违法者履行特定的法律义务或者承担相应的法律责任。因此，公共执法是法律执行的一种较为常见的方式，是通过公权力来执行法律的方式。

---

①徐昕：《法律的私人执行》，载《法学研究》2004年第1期。

②［美］A·米切尔·波林斯基、斯蒂芬·谢弗：《公共执法的经济学理论》，载《南大商学评论》2004年第4辑。

另外，根据公共执法主体和方式的不同，可以把公共执法分为行政执法和司法两种。行政执法是行政机关依照法律的授权，通过法定的程序来执行法律的活动。司法是诉讼当事人通过法院来解决纠纷的活动。两者的主要区别在于前者可以主动地执行法律，后者要受到"不告不理"的限制。但是，行政执法和司法作为公共执法的两种基本方式在一定程度上可以实现互补，从而共同促进法律的执行和遵守。在公司纳税义务人通过滥用公司人格损害国家税收利益时，为促使纳税义务人履行相应的义务，可以采用公共执法的方式来推动税收债务人履行相应的义务并承担相应的责任。

与公共执法不同，私人执法在现代社会中的作用也越来越重要，"除公共执法外，私人在法律执行方面也发挥重要作用"。①根据Gary S.Becker和George J.Stigler的界定，所谓私人执法是指"私人和公司可调查违法，逮捕违法者（包括刑事罪犯），以及提起法律诉讼以矫正违法，包括刑事检控。倘若成功，私人执法者有权保留该诉讼的全部收益——例如，已决犯缴纳的罚金。不成功的执法者则需补偿被告的法律费用"。②因此，从这个典型的界定中我们可以发现，这个界定是对私人执法的较为宽泛的界定。事实上，私人执法必须获得法律的认可才会具有合法性，反之，私人执法就会面

---

①徐昕：《法律的私人执行》，载《法学研究》2004年第1期。

②［美］威廉·M·兰德斯、理查德·A·波斯纳：《私人执法》，顾红华、徐昕译，载黄少安主编：《制度经济学研究（第3期）》，北京：经济科学出版社2004年版，第246页。

临合法性质疑。由此可见，与公共执法类似，私人执法作为一种法律的执行方式，在法律的实施和遵守中发挥着重要的作用。

私人执法在税法领域可以成为一种得到法律认可的执法方式吗？毫无疑问的是，私人执法可能比公共执法面临更多的合法性等问题。所以，在私人执法过程中，我们需要坚持对私人执法的合法性进行考量。通常而言，私人执法具有多种表现形式，如"为公共机关提供信息，提起诉讼尤其是侵权诉讼，公司和其他私人组织实施内部规章，公共机关委托私人执法等"。[①]由此可见，私人执法的一个显著的特点就是一般是需要借助国家机关来执行法律。"警察部门、国内税务署和其他公共机构向举报人支付赏金即为私人执法一例，此处构成公共执法之补充。"[②]

在税法领域，常见的一种税收私人执法方式就是鼓励单位和个人检举税收违法行为，即单位和个人为税务机关提供违法信息，然后再由税务机关根据线索来查处税收违法行为。为了鼓励这种检举税收违法的行为，国家税务总局、财政部2007年3月1日起施行《检举纳税人税收违法行为奖励暂行办法》，通过给予纳税义务人以奖金，来促进单位和个人积极向税务机关报告相关税收违法信息，从而增大税收违法

[①] 徐昕：《法律的私人执行》，载《法学研究》2004年第1期。

[②] [美]威廉·M·兰德斯、理查德·A·波斯纳：《私人执法》，顾红华、徐昕译，载黄少安主编：《制度经济学研究（第3期）》，北京：经济科学出版社2004年版，第246页。

行为的查处比率。在税法中适用公司人格否认制度也可以通过私人执法的方式进行。

根据上述分析，我们可以发现，公共执法和私人执法都可以成为在税法中适用公司人格否认制度的法律事实机制，两者在税法执行领域发挥着积极的作用。至于公共执法和私人执法在税法执行中如何进行有效的配合下文会进一步分析，此处不赘。另外，根据前文的讨论，无论是公共执法还是私人执法都会面临合法性的问题，尤其是私人执法更是会面临合法性问题。要解决这个问题就需要法律对税收执法行为进行明确的授权，换句话说，税收执法必须要有法定且明确的法律依据。

为此，笔者认为，税收执法与税收法定原则具有较大的关联性。"税收法定原则是税法中至为重要的基本原则，我国税收立法、执法方面存在的诸多问题致使我国目前仍停留在'税收不法定'阶段，而'税收不法定'又加重了税收成本。"①税收法定原则对税收执法的影响主要体现在两个方面：一是税收法定原则为税收执法提供明确的法律依据，使税收执法具有合法性和确定性；二是税收法定原则会对税收执法成本产生影响，从而影响税收执法的法律效果。因此，笔者认为，在我国的税收立法、税收执法中要进一步明确税收法定原则，从而为税收执法提供明确的法律依据。

---

①韩佩宏：《论税收法定原则与税收成本》，载《地方财政研究》2005年第9期。

综上所述，在公司人格否认的税收执法中，一方面要进一步构建多种税收执法方式相互配合的执法机制，保证公司人格否认制度在税法中得到有效的适用，另一方面，要充分落实税收法定原则，为税收执法、立法、守法奠定明确的法律基础，从而使公司人格否认税收执法有明确的法律依据，降低税收执法成本。在讨论了公司人格否认税收执法的理论基础和法律依据之后，接下来我们要讨论的问题是如何使不同的公司人格否认税收执法方式在实践中相互有效地配合，从而确保税收法律得到有效的执行。

6.1.2 公司人格否认中税收执法模式的选择

公司人格否认中税收执法可以分为公共执法和私人执法，那么如何使公司人格否认中税收公共执法和私人执法得到有效的实施呢？笔者认为，应当构建有效的公司人格否认税收执法模式，为税收执法提供制度支持。

公司人格否认说法执法模式的选择依赖于所获取的信息量的数量及其可证实性的难易程度。"公共执法的基础在于信息的可证实上，而对私人信息和可观察信息而言，由于其导致的公共执法成本过高，私人的自我执行就很重要。"[1]由此可见，信息影响了不同执法方式的有效运用。税收公共执法和私人执法所依赖的信息类型是不同的，这直接导致了不同执法方式的采用。在对税收公共执法加以特别关注的同

---

[1]戴治勇：《执法经济学：一个文献综述》，载《管理世界》2008年第6期。

时，也要对税收私人执法加以关注。换句话说，在公司人格否认税收执法中一方面要充分运用税收公共执法，另一方面也要充分运用税收私人执法。

根据公司人格否认税收执法中公共执法和私人执法的执法方式的差异，学者将法律的执行分为"警察巡逻式"和"火险警报式"两种。①这两种执法方式具有各自的特点。② 在这两种法律执行方式中，公司人格否认税收执法可以采取上述两种执法方式，这主要是因为在公司人格否认税收执法中，执法主体获得信息的能力是不一样的，在不同的信息获取能力下，应当根据不同的信息获取成本来采取不同的执法方式。

公司人格否认中税收执法的公共执法和私人执法之间由于执法成本的差异，所以需要对两者进行合理的配置。税收公共执法的优势是显而易见的，但不可避免的是，由于执法

---

①See Mathew D.McCubbins and Thomas Schwartz, 1984, Congressional OversightOverlooked: Police Patrol and Fire Alarmed, American Journal of Political Science, Vol.28.

②其中，"'警察巡逻式'与真实的警察巡逻有些类似，主要是指委托人主动、直接调查代理人的行动信息，例如委托人可以通过审计制度、直接调查、监督讯问等；'火险警报式'则是指委托人采取被动、间接的方式，主要通过建立一套规则和程序，使得掌握代理人相关信息的第三方（个人或利益团体）可以向委托人进行报告，或者向委托人提出控诉、寻求救济等。委托人为第三方报告提供便利程序、负担部分报告成本、为第三方的质疑或控诉提供支持，以及组织相关第三方采取集体行动以对抗代理人"。参见马骁、刘为民：《信息能力与我国财政执法》，载《财经科学》2011年第11期。

成本的限制，税收公共执法也具有一些不可避免的劣势。所以，税收私人执法的制度优势就显现出来了，"与公共执法相比，私人执法模式的优势表现在三个方面：（1）私人执法体系可以降低对执法者的监督成本；（2）私人执法体系无须向执法者支付高额的效率工资；（3）私人执法体系可以大大减少腐败的机会"。[①]由此可见，公司人格否认中税收私人执法具有一定的效率优势。因此，在公司人格否认税收执法中私人执法就成为一种不可替代的税收执法方式。

那么，税收私人执法在公司人格否认税收执法中会发挥巨大的作用吗？如何发挥其重要作用的呢？徐昕认为，"私人在法律执行方面也发挥重要作用"。[②]因此，根据私人在法律执行中的具体方式，我们可以发现，在公司人格否认税收执法中税收私人执法也可以发挥巨大的作用，下文会进一步分析。

根据上述分析，我们可以发现，在公司人格否认税收执法中税收公共执法和私人执法都可以发挥重要的作用。那么，在这两种执法方式中，执法权应当如何进行配置？两者的关系又是如何？笔者认为，公司人格否认税收执法中税收公共执法和私人执法应当建立一种竞争且合作的执法模式。

---

①李波：《公共执法与私人执法的比较经济研究》，北京：北京大学出版社2008年版。另见罗利芳：《个税申报制度中私人执法机制的构建》，载《工会论坛》2009年第5期。

②"如为公共机关提供信息，提起诉讼尤其是侵权诉讼，公司和其他私人组织实施内部规章，公共机关委托私人执法等。"参见徐昕：《法律的私人执行》，载《法学研究》2004年第1期。

这正如有学者认为的那样，"执法权究竟属于国家抑或社会并不重要，关键在于何种执法模式符合最大化原则，故倾向于公共机关与私人的竞争机制"。[①]据此，公司人格否认税收执法中执法权应当配置给公共执法主体和私人执法主体，这就解决了执法主体的合法性问题。同时，要建立公司人格否认税收公共执法和私人执法的竞争机制，通过充分发挥两种执法机制的效率优势并且避免其效率劣势来共同促进公司人格否认税收执法效率的提升。此外，公司人格否认税收公共执法和私人执法之间应当进行一定的合作，这主要是由税收执法中私人执法的劣势决定的。在税收私人执法中，私人执法主体往往不一定能独立进行税收执法或者不必要独立进行税收执法，那么在这种情况下，如果私人执法主体与公共执法主体进行充分的合作，那么就会提高公司人格否认税收执法效率。

综上所述，笔者认为，公司人格否认税收执法中公共执法与私人执法应当建立一种合作治理模式，共同来应对公司人格否认逃税行为。在治理理论范式下，"合作治理是一种正在成为主流的社会治理模式"。[②]所谓合作治理（Collaborative Governance）是"政府、市场、第三部门等众多行动主体相互合作、分享公共权力、共同管理公共事务以实现公共利

---

①徐昕：《法律的私人执行》，载《法学研究》2004年第1期。

②张康之：《论参与治理、社会自治与合作治理》，载《行政论坛》2008年第6期。

益的过程"。①与单一的公共执法模式相比,合作治理"打破了公共政策政治目标的单一性,使政策走出单纯对政治机构负责的单线的线性关系形态"。②所以,在公司人格否认税收执法中构建一种合作治理的执法模式是必要且可行的。

6.1.3 公司人格否认中税收执法机制构建的路径选择

在确定了公司人格否认执法模式之后,我们接下来要讨论的问题就是如何选择合理的制度路径来优化其执法效率。前文我们已经讨论,税收执法有公共执法和私人执法两种,那么,在这两种执法机制方面,如何来优化其制度构成就成为我们所要解决的问题。

首先要优化公司人格否认公共执法机制。税收公共执法的制度优势是明显的:税收公共执法具有较大的威慑力,能给予税收违法者予以正式的法律惩罚等。根据公共执法的经济学理论,税收公共执法机制优化的路径选择主要有:一是要采取有效措施,获取有效信息来增加税收违法行为的发现概率;二是要加大对税收违法行为的惩罚力度,增大税收违法的违法成本,从而对税收违法形成有效的威慑;三是要合理构建税收执法机构的行为模式及薪酬标准,税收公共执法者必须遵循必要的法律程序来进行执法,同时,合理确定税收公共执法者的薪酬标准,确保执法者执法的

---

①谭英俊:《公共事务合作治理模式:反思与探索》,载《贵州社会科学》2009年第3期。

②李波:《公共执法与私人执法的比较经济研究》,北京:北京大学出版社2004年版,第76页。

积极性。①因此，笔者认为，在公司人格否认税收执法中应当建立依据上述税收公共执法优化的制度路径来构建合理的执法机制，从而保证其执法的效率。

　　其次要优化公司人格否认私人执法机制。根据前文论述，我们知道，公司人格否认税收私人执法是税收执法机制不可替代的组成部分。那么，我们如何来优化税收私人执法机制呢？笔者认为，优化公司人格否认私人执法机制的路径主要有：一是要解决税收私人执法机制的合法性问题。私人执法不可避免地具有一些缺陷，如某些私人执法合法性并不被法律认可等，所以，法律应当明确税收私人执法机制的合法性范围，从而为税收私人执法确定明确的制度边界；二是要给予税收私人执法合理的执法路径，目前税收私人执法主要是通过与税收公共执法机构合作的方式来进行，如私人执法者为税收公共执法者提供税收违法信息，②税收私人执法者无权通过私人诉讼来实现执法目的；三是要为税收私人执法者提供有效的激励和保护。私人执法者执法的动机主要有公益目的和私益目的两种，不可否认的是，私益目的在私人执法中的存在，所以，需要通过有效的激励来推动私人执法的进行，换句话说，在私人执法者基于私益目的执法时，如果不能提供有效的制度激励，那么私人执法机制是不可能启动的。此外，在

---

　　①［美］A·米切尔·波林斯基、斯蒂芬·谢弗：《公共执法的经济学理论》，载《南大商学评论》2004年第4辑。

　　②罗利芳：《个税申报制度中私人执法机制的构建》，载《工会论坛》2009年第5期。

私人执法中，私人执法者可能还面临违法者的打击报复等情形，所以需要对私人执法者进行有效的法律保护。

综上所述，笔者认为，公司人格否认中税收执法机制优化需要进行合理的制度设计，通过制度优化来推动税收公共执法和私人执法的合作，并且促进两者执法效率的提升。

6.2 公司人格否认税收执法机制优化的制度构建

在前文中，我们对公司人格否认税收执法模式、税收执法机制的优化路径进行了初步的分析，在本节中，笔者主要从公司人格否认税收行政执法机制的制度构建、公司人格否认税收司法机制的制度构建、公司人格否认税收私人执法机制的制度构建等方面来讨论公司人格否认税收执法机制优化的制度构建。

6.2.1 公司人格否认税收行政执法机制的制度构建

公司人格否认税收执法是实现公司法和税法立法目的的重要机制保障。"税收法治要求税收法律的实施依靠税收执法与税收司法，以实现税收立法的终极目的。"[1]为了实现税收立法目的，构建合理的税收执法机制就成为税法实施的重要制度保障。

目前，我国税收行政执法机制已经较为完备，但是随着经济社会的发展，现行税收行政执法机制不可避免地存在一些问题，如"在权力集中模式下，税务部门融决策、执行、

---

① 席晓娟：《税收执法与税收司法衔接的法律思考——以增强税收执法刚性为指导》，载《涉外税务》2006年第9期。

监督为一体，自定规则，自己执行，自我监督，事实上形成了'权力垄断'"。[1]为此，我们需要对现行税收行政执法机制通过制度优化进行一定的制度改革，来确保税收行政执法效率的不断提高，从而充分维护国家的税收权益和保护纳税义务人的合法权益。

在税收行政执法过程中会面临一些执法风险，即"税收执法风险"。[2]税收执法风险会影响税收行政执法的效率，同时，税务人员素质、税收征管制度、外部执法环境等因素会影响税收执法风险。[3]因此，要合理控制税收执法风险就需要构建合理的税收行政执法机制。那么，我们如何优化公司人格否认税收行政执法机制呢？有学者认为，要取得良好的税收执法效果，既需要执法权力的自身制约，也需要合理的监督，只有在二者共同作用下才能实现。[4]由此可见，公司人格否认税收行政执法机制优化的制度主要有：一是不断优

---

① 贾英姿：《关于税收执法权存在问题的制度分析》，载《财政研究》2003年第11期。

② 所谓"税收执法风险"主要是指："在税收执法过程中，因为执法主体的作为（主要指不当）和不作为可能使税收管理职能失效，以及对执法主体和执法人员本身造成损害的各种不利后果或不利影响。"参见谢双进：《从执法者的素质视角探析税收执法风险规避》，载《税务研究》2007年第12期。

③ 陈国英：《税收执法风险的成因与防范措施》，载《税务研究》2010年第9期。

④ 董和平：《论完善我国执法监督机制》，载《人大研究》1996年第5期。

化税收执法方式、执法措施和执法程序，确保税收行政执法主体能严格依照法律规定执行法律，即"明确税收征管权的行使界限，防止越权执法或滥用执法权。"①二是建立合理的税收行政执法监督机制，保证税收行政执法得到应有的监督，②从而不背离法律之规定。由于前者已有较多文献进行了讨论，本书主要对税收行政执法内部监督机制进行讨论。

域外国家和地区为了监督税收执法的有效进行，建立了税收执法监督机制等制度体系。"国外对税收执法监督的外部监督主要包括议会监督、司法监督、政府监督、审计监督和社会力量的监督等方面。"③具体而言，"加拿大高度重视税收执法监督工作，形成了外部监督和内部监督相结合、以税务机关自律性监督为主的执法监督体系"。④另外，欧洲部分国家税收执法监督的主要做法主要有：立法和司法对税收执法的监督、审计部门对税收执法的监督、税务机关内部对税收执法行为的监督和制约、保护纳税人的合法权益等。⑤由此可见，

①郭亚光：《当前我国税收执法风险分析》，载《税务研究》2008年第5期。

②董文毅：《论规范我国税收执法问题》，载《税务与经济》2000年第6期。

③钱宝荣：《税收执法监督的国际比较与借鉴》，载《财经论丛》2006年第6期。

④田敬文：《加拿大的税收执法监督及其启示》，载《涉外税务》2004年第7期。

⑤李亚民：《欧洲六国税收执法监督的做法及启示》，载《河南税务》2003年第15期。

在税收行政执法监督体系和机制方面，域外国家和地区构建了全面的监督体系，从多个方面对税收行政执法加以监督。

根据上述比较分析，我们可以发现，税收行政执法监督可以分为内部监督和外部监督，[①]"目前我国税务系统初步形成了事前、事中、事后全过程监控的税收执法内部监督制度"。[②]以四川国税系统内部执法监督机制为例，该监督机制主要包括"税务行政执法责任制、税收执法检查、重大税务案件审理办法、税收规范性文件管理办法、税务执法监察、目标管理考核、执法过错责任追究、税收执法建议制度、涉税信访案件工作制度等"。[③]由此可见，税收执法内部监督机制的完善，为税收公共执法效率的提升奠定了制度基础，这些内控机制、制度及措施对全系统规范、监督税收执法行为起到了重要作用。[④]此外，税收行政执法责任机制也是内部监督机制的重要组成部分。[⑤]由此可见，税收行政执法内部监

[①]邓孟秋：《我国税收执法监督的现状》，载《经济研究参考》2009年第18期。

[②]钱宝荣：《税收执法监督的国际比较与借鉴》，载《财经论丛》2006年第6期。

[③]张炜：《关于如何建立税收执法内控机制问题的初探》，载《中国税务》2008年第11期。

[④]张炜：《关于如何建立税收执法内控机制问题的初探》，载《中国税务》2008年第11期。

[⑤]所谓"行政执法责任制"是指："各级行政执法主体依照法律法规规定的执法权限，明确执法范围和执法程序，并通过量化考评、严格考核奖励，落实执法责任，使行政主体实现行使职权和承担责任一体化的一种监督制约机制和激励机制。"参见熊波：《税收执法责任制理论分析与现实选择》，载《求索》2005年第6期。

督机制的优化为税收公共执法机制有效发挥其作用奠定了制度基础。另外，"为了提高纳税人的执法监督效率，需要从匿名监督、硬化规则、确认产权和委托独立等四个方面建立税收执法监督的目标模式"。①

综上所述，笔者认为，公司人格否认税收公共执法机制的优化为应对通过滥用公司人格逃避债务，维护国家税收权益提供了有效的制度保障。

6.2.2 公司人格否认税收司法机制的制度构建

公司人格否认税收司法机制是税收执法机制的重要组成部分。"积极建立符合我国国情的税务司法保障制度。"②这已经成为税收执法保障机制的制度优化路径之一。在税收执法司法体系构建方面，"国外一些国家建立专业化的税务法院或法庭等司法保障体系"。③因此，优化税收司法机制就成为公司人格否认制度在税法领域适用的重要制度保障。

公司人格否认税收司法机制优化的必要性主要在于：以公司人格否认税法适用为代表的税收司法机制具有较大的专业性，需要专业的司法机构和人员来进行相应的司法活动，从而保证司法效率。那么，我们应当如何构建公司人格否认

①邵学峰等：《税收执法监督的博弈分析》，载《税务与经济》2005年第5期。

②马利荣、张文军：《关于构建税收执法体系的新思考》，载《税收与企业》1999年第10期。

③董文毅：《关于规范我国税收执法的若干思考》，载《管理世界》2004年第8期。

税收司法机制呢？一方面我们要对现行税收司法机制进行完善，另一方面我们要进行制度创新来进一步优化税收司法机制。构建公司人格否认税收司法机制的具体措施主要有：

一是建立专业性的税收司法机构。专业性的税收司法机构是税收司法的基础和支柱。建立税务警察机构、税务检察院和税务法院，通过税务司法为税收行政执法提供保障，同时也可以起到监督作用。①目前我国无专门的税务警察机构、税务法院和税务检察院等司法机构，但是在现行司法体系法律框架下，专门法院是我国法院体系的组成部分，所以，新设税务专门司法机构在现行法律下并无障碍。因此，笔者主张建立专门的税务警察机构、税务法院和税务检察院等司法机构，以增强税收法律的执行力度。

建立专业性的税收司法机构在法律依据上具有较大的可行性，目前我国存在专门的人民法院，如海事法院、铁路运输法院等。但是考虑到专门法院建立过程中所要考虑到的制度成本问题，笔者认为，建立专业性的税收司法机构是一个渐进的过程，首先可以考虑在现行司法机构内部建立专门的税收司法内设部门，然后在条件成熟时可以建立独立的税收司法机构，这样有利于税收司法机构的最终构建。

二是建立税收行政执法和税收司法的衔接机制。为了有效地执行税收法律，税收执法和税收司法需要进行有效的配

---

①董文毅：《关于规范我国税收执法的若干思考》，载《管理世界》2004年第8期。

合。但是，"税收执法和税收司法体系在衔接上存在脱节，一方面使得税收司法权对税收行政执法权的制约陷入空转；另一方面也对税收行政执法造成困惑"。①因此，税收行政执法机制和司法机制之间的衔接就显得十分重要。笔者建议，在税收行政执法机制和司法机制之间建立合理的衔接机制，确保税收行政执法机制和司法机制之间能够得到有效的配合和协调。

三是建立税务机关出庭参与公司人格否认诉讼制度。在公司人格否认诉讼中，税收行政机构是税收权益的代表者。所以，为了维护国家税收权益，"由行使国家税收征收管理职权的税务机关代表国家到法院起诉，以公司和股东作为共同被告，要求法院否认公司法人资格，以股东个人财产清缴欠税"。②值得注意的是，公司人格否认诉讼是民事诉讼的一种，税务机构参与民事诉讼是以特殊债权人身份参加的。公司人格否认税法适用诉讼为民事诉讼的理由主要是：从本质上来看，该诉讼活动是公司人格否认诉讼，而公司人格否认诉讼在本质上是民事诉讼，虽然税务机关作为特殊的债权主体，但是在诉讼过程中与普通民事诉讼仍无本质之区别。

四是进一步健全税务司法监督机制。在前文中，我们已经讨论了行政执法和司法是公共执法的组成部分。除了税收

---

①刘爱菊：《关于我国税收执法程序与司法程序衔接问题的思考》，载《广西民族学院学报（哲学社会科学版）》2006年第6期。

②王岩、于祥伟：《揭开公司面纱制度在税收执法中的应用》，载《扬州大学税务学院学报》2009年第1期。

行政执法可以对税收违法行为进行威慑之外，健全的税务司法机制也可以发挥同样重要的作用。[1]值得注意的是，税务司法监督机制是通过诉讼实现的，但是需要税务机关作为特殊的债权人参与诉讼才能有效地进行。

五是进一步完善税收诉讼的诉讼规则。如果公司纳税义务人就公司人格否认税务事项提起行政诉讼，那么就需要考虑双方的证明责任分担等问题。部分国家在税务司法诉讼的证明责任分担方面，把传统上认为应当由行政机关承担的举证责任转移给税收行政相对人。[2]笔者认为，公司人格否认税务诉讼具有一定的特殊性，如果把所有的证明责任分配给税务机关的话，有可能在诉讼双方之间产生证明责任不平衡，因此，在此类诉讼中，法院应当合理分配双方的证明责任，从而保证双方诉讼能力的均衡。

综上所述，笔者认为，税收司法机制可以在公司人格否认税收执法中发挥巨大的作用，但是应当逐步建立专业性的税收司法机构、建立税收行政执法和税收司法的衔接机制、建立税务机关出庭参与公司人格否认诉讼制度、进一步健全税务司法监督机制和进一步完善税收诉讼的诉讼规则。

6.2.3　公司人格否认税收私人执法机制的制度构建

除了公共执法机制可以在公司人格否认税收执法中适用

---

①董文毅：《关于规范我国税收执法的若干思考》，载《管理世界》2004年第8期。

②汪祥欣：《论反避税行为的税收执法缺陷》，载《湖南师范大学社会科学学报》2003年第1期。

之外，私人执法机制也可以适用。税收私人执法机制在我国税收执法中已经有一些运用。①那么，根据私人执法的内在机理，我们要讨论的是如何在公司人格否认税法适用中构建私人执法机制。

根据上文相关分析及私人执法机制的内在机理，笔者认为，在公司人格否认私人执法中可以适用私人执法机制。这主要是因为私人执法者"受到利益的激励，通过发现和指控违法行为，能以更低的成本、更高的效率，对违法者形成更加有效的威慑"。②虽然我国目前已经在一定程度上具有税收私人执法机制，但还需要进行一定的制度完善和创新。公司人格否认税收私人执法的基本制度构建路径有：

一是建立公共执法与私人执法的信息交流机制。通过信息流动实现不同主体之间信息的有效交流，从而实现公共执法与私人执法之间的有效互动。税收私人执法的一个显著特点是拓展了税收违法信息的来源。以"悬赏举报"为代表的税收私人执法"具有信息生产机制、威慑机制的双重制度角色"。③因此，在公司人格否认税收私人执法中，应当充分发挥私人执法机制的信息收集功能，并且通过私人执法主体与公共执法主体之间有效的信息交流以实现公司人格否认税收

---

① 罗利芳：《个税申报制度中私人执法机制的构建》，载《工会论坛》2009年第5期。

② 万宗瓒：《法经济学视角下的"私人执法"》，载《前沿》2012年第13期。

③ 吴元元：《公共执法中的私人力量》，载《法学》2013年第9期。

违法的"合作治理"。

二是逐步建立公司人格否认税收违法"奎太（Qui Tam）"诉讼机制。奎太诉讼机制具有"与效率相关的目的：一是惩罚和威慑腐败；二是通过表明政府正积极努力地实现政府支出的价值来维持纳税人对公共项目的支持；三是由于私人监督成本低于政府监督，通过依靠私人监督来减少监督（Oversight）成本。"①奎太诉讼机制是一种典型的私人执法机制，其主要特征是通过私人诉讼来打击违法行为。②笔者认为，应当在公司人格否认税收执法中建立奎太诉讼机制。

三是给予公司人格否认税收私人执法者以充分的激励和保护。前文中，笔者对税收私人执法者以充分的激励和保护已经进行了一定的讨论，此处需要强调的是，在公司人格否认税收私人执法中，如果没有合理的激励和保护机制，公司人格否认税收私人执法就不可能有效地发挥作用。因此，在公司人格否认税收私人执法中要构建合理的激励和保护机制。

---

①William E.Kovacic, Whistleblower Bounty Lawsuits as Monitoring Devices in Government Contracting, 29 Loy.L.A.L.Rev.1799, 1808-1809 (1996).另见李波：《公共执法与私人执法的比较经济研究》，北京：北京大学出版社2008年版，第100-110页。

②See Anna Mae Walsh Burke, Qui Tam: Blowing the Whistle for Uncle Sam.21 Nova L.Rev.869 (1997); Dennis J.Ventry, Jr, Whistleblowers and Qui Tam for Tax, 61 Tax Law.357, 359 (2008).

综上所述，笔者认为，公司人格否认税收私人执法机制是完善公司人格否认制度、强化税收执法效率的必要制度选择。这主要是因为，公司人格否认税收私人执法机制的合理构建可以为有效地发现公司人格否认税收违法信息、威慑公司人格否认税收违法行为等发挥较大的作用。同时，在我国现行法律框架下，应当从建立公共执法与私人执法的信息交流机制、逐步建立公司人格否认税收违法奎太诉讼机制、给予公司人格否认税收私人执法者以充分的激励和保护等方面来进一步完善公司人格否认税收私人执法制度。

6.3　税收立法、税法执行与公司人格否认规则的具体化

法律规则来自立法和法律执行之中。众所周知，受到税收法定原则的影响，税收立法是税法规则的主要来源，但是，在税法司法实践中，司法先例往往也会成为税法规则的另一个重要来源。所以，要实现通过公司人格否认制度来有效控制不当避税，就需要实现税收立法和司法等机制的有效互动，即："反避税行动要取得实质性的进展，立法、执法、守法务必三环互动。"①

---

① 汪祥欣：《论反避税行为的税收执法缺陷》，载《湖南师范大学社会科学学报》2003年第1期。

6.3.1 成文法在公司人格否认适用中的局限性及制度改革

立法机关制定的税法一般属于成文法,但是,成文法难以避免地会出现其固有的局限性。[①]为了克服成文法的局限性,通常根据法律授权由最高人民法院和最高人民检察院来制定司法解释。但是,司法解释无法证成其正当性与合理性。[②]因此,作为成文法的司法解释仍然具有成文法固有的局限性。

为了应对以税法及其司法解释为代表的成文法之固有局限性,笔者认为应当从如下方面来对现行法律框架进行改革,从而为公司人格否认在税法中适用奠定良好的制度基础:

一是进一步提高税收立法质量,坚持税收法定原则来细化税法规则。目前我国现行税收立法存在一些问题,如税收基本法和与其相配套的一系列单行税收法律缺乏。[③]另外,"我国目前尚未确立起真正意义上的税收法定原则,现行税法体系主要是由'行政主导的税收立法'所形成的"。因此,现行税法体系的立法质量和规则的合理化程度不高。所以,需要对现行税法体系在坚持税收法定原则的前提下,"综合

---

① 欧阳碧媛:《试论成文法的局限性及其解决途径》,载《湖南经济管理干部学院学报》2006年第5期。

② 袁明圣:《司法解释"立法化"现象探微》,载《法商研究》2003年第2期。

③ 甘功仁:《我国税收立法现状评析》,载《税务研究》2003年第1期。

利用立法预测、立法规划、立法表述等各立法环节的科学化方法和操作技巧，才能改善税收法律质量，进而完善税法的结构和内容"。①与税法不同，公司法中人格否认规则已经较为完善，所以此处重点分析的是税法规则的立法完善。

在公司人格否认税法适用方面，其适用的法律依据既包括税法，也包括公司法。在这种情况下，完善税法立法体系对公司人格否认税法适用具有较大的促进作用。所以，笔者认为，应当采取有效的立法技术，进一步完善公司人格否认的法律规则以及税法中涉及公司人格否认制度的相关规则，从而为在税法中适用公司人格否认制度提供详实的法律规则。

二是在坚持现行司法解释制度的基础上提高司法解释的质量。虽然司法解释制度往往招致理论界的批评，但是司法解释制度还是具有较大的现实意义："司法解释中的'立法型'解释可以构成我国以裁判和司法解释为载体的习惯法，它们的普遍效力来源于习惯法并因具有习惯法的品格而成为法律的非正式渊源。"②司法解释制度在一定程度上弥补了税收及公司立法的不足。根据在司法实践中出现的问题，以成文化规则形式出现的司法解释能够为司法实践提供有效的指

---

①黄靖翔、岳树民：《我国税收立法技术现状与改进》，载《税务研究》2011年第6期。

②曹士兵：《最高人民法院裁判、司法解释的法律地位》，载《中国法学》2006年第3期。

导，也为税收及公司法律规则的完善提供了重要的补充作用。虽然，我国目前已经逐步建立了案例指导制度，但司法解释的现实作用仍然不可以被取代。

因此，笔者认为，在公司人格否认的税法适用中应当坚持发挥司法解释的现实作用，"最高人民法院作出统一解释，是维护我国法制统一的需要，是法官在个案中寻求权威性解释的需要，是最高人民法院司法权威的体现"。[①]通过司法解释制度来发现司法实践中公司人格否认税法适用存在的现实问题，对常见的问题进行归纳，并实现规则化、成文化，为司法实践中解决相应的问题提供规则支持和制度保障。

三是回应公司人格否认税法适用的现实需要，及时进行法律和司法解释修改。由于法律程序的限制，成文法往往不能及时地进行修改，从而缺乏对社会变化的适应力，也就是法律的稳定性与适应力之间存在较大的矛盾。所以，为了克服成文法过于稳定的确定，在社会经济关系发生变化之后，法律应当及时地进行修改，从而满足社会的现实需要。因此，笔者认为，随着社会经济关系的变化，法律及司法解释应当进行及时的修订，从而保证法律对社会变迁的适应力。

综上所述，笔者认为，在现实税收及公司立法和司法解

①魏胜强：《司法解释的错位与回归》，载《法律科学（西北政法大学学报）》2010年第3期。

释存在一定的局限性的前提下，为了充分发挥立法和司法解释的积极作用，建议从进一步提高税收立法质量、坚持税收法定原则来细化税法规则、在坚持现行司法解释制度的基础上提高司法解释的质量、回应公司人格否认税法适用的现实需要，及时进行法律和司法解释修改等方面来完善公司人格否认税法适用的法律规则，为其提供充分的规则保障。

6.3.2 公司人格否认税法适用规则具体化与判例制度

在公司人格否认税法适用规则具体化方面，判例制度可以发挥较大的作用。在英美法系传统的判例法国家，判例制度是法律规则的来源渠道之一。目前，世界上许多国家和地区都建立了判例制度或者类似判例制度的相关制度。因此，这些国家和地区的现实经验可以为公司人格否认税法适用规则具体化提供制度参考。

传统英美法系国家和地区建立了判例制度是没有疑议的，同时英美法系国家和地区之外的其他国家和地区也建立了类似判例制度的相关制度。德国、法国等国家和地区也建立了与英美法系国家判例制度类似的相关制度。[①]我国最高人民法院2010年11月26日出台了《关于案例指导工作的规定》（法发〔2010〕51号），也建立了与判例制度类似的案例指导制度。由此可见，判例制度在司法实践中发挥着重

---

①最高人民法院课题组：《关于德国判例考察情况的报告》，载《人民司法》2006年第7期；孟凡平：《建立我国行政案例指导制度的构想》，载《人民司法》2006年第2期。

要作用。

在公司人格否认税法适用规则具体化方面，判例制度也可以发挥较大的作用。除了成文法可以作为公司人格否认税法适用的法律规则来源之外，通过判例制度或者案例指导制度产生的法律规则也可以进一步完善和丰富公司人格否认税法适用的法律规则。以税收执法为例，税收执法依据中包括一部分判例法的法律形式。[①]

在公司人格否认税法适用规则具体化方面，判例制度或者案例指导制度发挥作用的路径主要有：一是有效地弥补公司人格否认税法适用的法律漏洞，从而为公司人格否认税法适用纠纷的解决提供明确的法律规则，同时也为行为人提供明确的行为指引；二是对公司人格否认税法适用相关不明确的法律规则进行解释，使相关规则明确化，从而减少法律规则适用的不确定性；三是不断地丰富公司人格否认税法适用的法律规则体系，使公司人格否认税法适用的法律规则体系逐步完备；四是通过判例制度的运用，使公司人格否认税法适用的法律规则能够适应社会发展之变化，增强法律规则的灵活性和社会适应能力。

6.3.3 公司人格否认税法适用中成文法与案例指导制度的互动

根据上述分析，笔者认为，在税收立法、税法执行中要

---

①沈阳市地税局税收执法国际比较课题组：《税收执法的国际比较》，载《财经问题研究》2003年第10期。

实现公司人格否认规则的具体化。以公司人格否认税法适用中成文法与案例指导制度的互动为例，税收立法主要体现为成文法，而案例指导制度在一定程度上代表了税法的执行。实现成文法与案例指导制度的互动也就在一定程度上实现了税收立法与税法执行的互动。

在公司人格否认税法适用中成文法与案例指导制度互动的主要作用为：一是通过税收和公司立法，不断完善公司人格否认税法适用的相关法律规则体系，为公司人格否认的司法适用提供裁判依据，也为当事人行为提供有效的指引；二是在公司人格否认税法适用的司法过程中，通过个案的判决为后续案件提供法律规则，同时也为相关司法解释和立法的进一步完善提供现实基础；三是税收立法、税收司法与社会生活之间的有效互动，通过不同法律规则产生机制与社会生活之间的互动，不断完善相关法律规则。

6.4 本章小结

在前文分析的基础上，本章主要就税法中适用公司人格否认制度的制度保障问题进行讨论。具体讨论了税收执法中适用公司人格否认制度的理论解释（包括税收执法的理论基础与法律依据、公司人格否认中税收执法模式的选择和公司人格否认中税收执法机制构建的路径选择等问题）、公司人格否认税收执法机制优化的制度构建（包括公司人格否认税收行政执法机制的制度构建、公司人格否认税收司法机制的制度构建和公司人格否认税收私人执法机制的制度构建等问

题）、税收立法、税法执行与公司人格否认规则的具体化
（包括成文法在公司人格否认适用中的局限性及制度改革、
公司人格否认税法适用规则具体化与判例制度和公司人格否
认税法适用中成文法与案例指导制度的互动等问题）等内
容。笔者认为，公司人格否认税法适用制度必须建立相应
的保障机制，以此来保障公司人格否认税法适用制度的顺
利运行。

7 结论

本书以公司人格否认税法适用问题为中心，从实质课税原则在反避税中的适用及其局限性、公司人格否认制度在反避税领域的可适用性分析、公司人格否认制度适用于税法领域的制度逻辑、公司人格否认制度在税法领域适用的标准与类型、税法中适用公司人格否认制度的制度保障等方面讨论了相应的制度构建，为公司人格否认税法适用机制和制度的完善提供了相应的制度保障。

根据上述分析，笔者认为，公司作为纳税主体可能会通过滥用公司人格来逃避税收，从而损害国家的税收利益，而现行制度中的实质课税原则并不能有效地解决公司人格否认税法适用问题。所以，本书从税法和公司法互动的角度来构建公司人格否认税法适用机制及制度，为解决通过滥用公司人格逃避税收问题提供了相应的制度对策。

参考文献

一、中文类

(一) 著作类

1.张守文：《税法原理》，北京：北京大学出版社2021年版。

2.葛克昌：《税法基本问题》，北京：北京大学出版社2004年版。

3.施天涛：《公司法论》，北京：法律出版社2018年版。

4.王欣新：《公司法》，北京：中国人民法学出版社2020年版。

5.刘俊海：《现代公司法》，北京：法律出版社2015年版。

6.刘俊海：《新公司法的制度创新》，北京：法律出版社2006年版。

7.[德]托马斯·莱赛尔、吕迪格·法伊尔：《德国资合公司法》，高旭军等译，上海：上海人民出版社2019年版。

8.葛伟军：《案例公司法》，北京：法律出版社2020年版。

9.欧阳天健：《税法拟制论》，北京：北京大学出版社2021年版。

10.[澳]彼得·哈里斯：《公司税法：结构、政策与实践》，张泽平、赵文祥译，北京：北京大学出版社2020年版。

11.黄茂荣：《税法总论》第一册（增订第二版），台北：植根法学丛书编辑室，2005年。

12.黄茂荣：《税法总论——法学方法与现代税法（第二册）》，台北：植根法学丛书编辑室，2005年。

13.黄茂荣：《税法总论——税捐法律关系》（第三册），台北：植根法学丛书编辑室，2008年。

14.陈清秀：《税法总论》，台北：元照出版有限公司2004年。

15.陈清秀：《税法总论》，台北：翰芦图书出版有限公司2001年版。

16.王保树：《商法》，北京：法律出版社2005年版。

14.刘剑文、熊伟：《税法基础理论》，北京：北京大学出版社2004年版。

15.刘剑文、熊伟：《财政税收法》，北京：法律出版社2019年版。

16.赖英照主编：《公司法论文集》，证券市场发展基金会编印1988年版。

17.廖益新、李刚、周刚志：《现代财税法学要论》，北京：科学出版社2007年版。

18.徐国栋：《诚实信用原则研究》，北京：中国人民大学出版社2002年版。

19.徐国栋：《民法总论》，厦门：厦门大学出版社2018年版。

20.黄俊杰：《纳税者权利保护》（第二版），台北：元照出版社2008年版。

21.何孝元：《诚实信用原则与衡平法》，台北：三民书局1986年版。

22.王伯琦：《民法总则》，台北：正中书局1975年版。

23.张进德：《诚实信用原则应用于租税法》，台北：元照出版社2010版。

24.张劲松：《租税法概论》，台北：三民书局1979年第3版。

25.康炎村：《租税法原理》，台北：凯仑出版社1987年版。

26.施正文：《税收债法论》，北京：中国政法大学出版社2008年版。

27.施正文：《中国税法评论》，北京：中国税务出版社2016年版。

28.沈四宝：《揭开公司面纱：法律原则与经典案例选评》，北京：对外经济贸易大学出版社2005年版。

29.朱慈蕴：《公司法人格否认制度：理论与实践》，北京：人民法院出版社2009年版。

30.朱慈蕴：《公司法人格否认法理研究》，北京：法律出版社1998年版。

31.郑晓时：《正义及其相关问题》，中央研究院中山人文社会科学研究所。

32.虞政平：《股东有限责任——现代公司法律之基石》，北京：法律出版社2001年版。

33.王保树、崔勤之：《中国公司法原理》，北京：社会科学文献出版社2006年版。

34.[美]约翰·亨利·梅利曼：《大陆法系》，顾培根等译，北京：法律出版社2004年版。

35.[美]谢里尔·D·布洛克：《公司税案例与解析》，北京：中信出版社2003年版。

36.江平、李国光主编：《最新公司法理解与运用》，北京：人民法院出版社2006年版。

37.李波：《公共执法与私人执法的比较经济研究》，北京：北京大学出版社2008年版。

38.[日]金子宏：《日本税法原理》，刘多田等译，北京：中国财政经济出版社1989年版。

39.[日]金子宏：《日本税法》，战宪斌、郑林根等译，北京：法律出版社2004年版。

40.[日]北野弘久：《税法学原论》，陈刚、杨建广等译，北京：中国检察出版社2001年版。

41.[日]北野弘久：《日本税法学原论》，北京：中国检察出版社2009年版。

（二）期刊类

1.虞政平、王朝辉、吴飞飞：《论公司人格否认规则对实际控制人的适用》，载《法律适用》2021年第2期。

2.蔡唱、郑显芳：《论实体合并破产实务和理论的冲突与调适》，载《山东社会科学》2019年第10期。

3.旭军：《论"公司人格否认制度"中之"法人人格否认"》，载《比较法学》2012年第6期。

4.钱玉林：《我国〈公司法体系的重构——一种解释论的观点〉》，载《政治与法律》2021年第2期。

5.张怡、吕俊山：《税法中的法人格否认制度》，载《河北法学》2019年第1期。

6.金洪玉：《公司法人格否认的制度困境与类型化分析》，载《暨南学报（哲学社会科学版）》2012年第11期。

7.任超、赖芸池：《实质课税原则与意思自治原则之博弈——基于建伟案的分析》，载《税务与经济》2021年第3期。

8.吕铖钢、张景华：《实质课税原则的路径重塑》，载《税务与经济》2018年第1期。

9.王宗涛：《税法一般反避税条款的合宪性审查及改进》，载《中外法学》2018年第3期。

10.李金艳、胡尚华：《一般反避税规制的趋同与差异：基于加拿大、澳大利亚和新西兰司法实践的分析》，载《国际税收》2021年第2期。

11.贺燕：《我国"合理商业目的"反避税进路的反思》，载《税收经济研究》2019年第5期。

12.赵磊：《股权式资产转让税收规避行为的法律评价与立法选择》，载《法学杂志》2016年第2期。

13.刘建华：《一般反避税规则在非居民企业股权转让适用特殊性税务处理中的应用于思考》，载《国际税收》2020年第1期。

14.曹可成：《非居民企业间接股权转让的反避税案例研究》，载《财会通讯》2019年第29期。

15.梁若莲：《一起典型的非居民间接股权转让避税案例分析》，载《税务研究》2016年02期。

16.陈晴、张涛：《中国非居民企业间接股权转让反避税规则的反思与完善》，载《重庆大学学报（社会科学版）》2015年第5期。

17.陈清秀：《税捐规避与处罚》，载《国政研究报告》，财金（研）099-011，2010年7月。

18.刘剑文、熊伟：《中国税法学研究的现状与反思》，载《法学》2001年第5期。

19.侯作前：《论诚实信用原则与税法》，载《甘肃政法学院学报》2003年第4期。

20.杨小强：《税收债务关系及其变动研究》，载刘剑文主编《财税法论丛》第1卷法律出版社2002年版。

21.王泽鉴：《债之关系的结构分析》，载王泽鉴主编《民法学说与判例研究（4）》，中国政法大学出版社1998年版。

22.刘俊海：《论新〈公司法〉中的揭开公司面纱制度》，

载《公司法评论》2006年第1期，人民法院出版社2006年版。

23.刘俊海：《新公司法中揭开公司面纱制度的解释难点探析》，载《同济大学学报（社科版）》2006年第6期。

24.朱慈蕴：《公司人格否认：从条跃入实践》，载《清华法学》2007年第2期。

25.朱慈蕴：《论公司法人格否认法理的适用要件》，载《中国法学》1998年第5期。

26.叶金育：《税法与私法的解构与整合——征纳关系的视角》，载《甘肃理论学刊》2008年第6期。

27.柯潼格：《税收规避及相关联概念之辨正》，载《月旦财经法杂志》2009年12月。

28.刘剑文、丁一：《避税之法理新探（上）》，载《涉外税务》2003年第8期。

29.陈少英：《论公司法人格否认制度在反避税中的适用》，载《法学家》2011年第5期。

30.侯作前：《公司法人格否认理论在税法中的适用》，载《法学家》2005年第4期。

31.李刚、王晋：《实质课税原则在税收规避治理中的运用》，载《时代法学》2006年第4期。

32.刘尚华：《浅议税收规避和实质课税原则》，载《知识经济》2012年第1期。

33.张兄来、李希：《公司人格否认制度的适用范围》，载《华东经济管理》2006年第1期。

34.黄辉：《中国公司法人格否认制度实证研究》，载

《法学研究》2012年第1期。

35.蔡立东：《公司人格否认论》，载梁慧星主编：《民商法论丛》（第2卷），法律出版社1997年版。

36.周鑫：《法人人格否认制度在我国的具体适用》，载《中山大学学报论丛》2007年第6期。

37.皮轶之：《公司人格否认刍议》，载《四川教育学院学报》2006年第3期。

38.陈现杰：《公司人格否认法理述评》，载《外国法译评》1996年第3期。

39.陈晶晶：《避税与反避税博弈进入拐点》，载《法制日报》2007年第9期。

40.徐云翔、赵军、宋雁：《最大单笔间接转让股权非居民税款入库》，载《中国税务报》2010年6月9日。

41.卢天成：《由释字第420号解释租税规避之防杜》，载《军法专刊》第52卷第4期。

42.陈敏：《租税课征与经济事实之掌握——经济考察法》，载《政大法学评论》1982年第26期。

43.[日]吉良实：郑俊仁译，《实质课税主义》（上），载《财税研究》1987年第3期。

44.黄茂荣：《实质课税原则》，载《根植杂志》2002年第8期。

45.葛克昌：《经济观察法与量能课税》，载《月旦法学教室》2008年第73期。

46.张学博：《信托设立的税制分析》，载《上海财经大学学报》2008年第12期。

47.孙健波：《税法漏洞补充理论研究》，载《中南大学学报（社会科学版）》2008年第3期。

48.葛克昌：《私法对税法的规范影响》，行政院国家科学委员会专题研究计划，2006年。

49.陈清秀：《经济观察法在税法上之应用》，载《植根杂志》1993年第1期。

50.柯格钟：《论量能课税原则》，载《成大法学》2007年第14期。

51.张婉苏、卢庆亮：《特别纳税调整"一般条款"之法律解读》，载《苏州大学学报（哲学社会科学版)》2010年第4期。

52.叶珊：《应税事实依据经济实质认定之稽征规则——基于台湾地区"税捐稽征法"第12条之1的研究》，载《法学家》2010年第1期。

53.许祺昌：《从实质课税原则案例看税捐稽征法第12条之1的未来修法方向》，载《会计研究》2011年第306期。

54.李茜、韩瑜：《〈企业所得税法〉一般反避税条款评析》，载《涉外税务》2008年第8期。

55.汤洁茵：《〈企业所得说法〉一般反避税条款适用要件的审思与确立》，载《现代法学》2012年第5期。

56.张颖：《从拉姆齐原则看"合理商业目的"》，载《首席财务官》2007年第9期。

57.马俊：《中国财政国家转型——走向税收国家》，载

《吉林大学社会科学学报》2011年第1期。

58.黄士洲：《税法对私法的承接与调整》（上），载《台湾本土法学杂志》2006年第88期。

59.莫于川、林鸿潮：《论当代行政法上的信赖利益保护原则》，载《法商研究》2004年第5期。

60.贺连堂：《新企业所得税法中反避税立法内容》，载《涉外税务》2007年第6期。

61.黄杰：《浅析民法、行政法与经济法关系之立论前提》，载《法制与社会》2007年第8期。

62.[美]A·米切尔·波林斯基、斯蒂芬·谢弗：《公共执法的经济学理论》，载《南大商学评论》2004年第4辑。

63.[美]兰德斯、波斯纳：《私人执法》，顾红华、徐昕译，载黄少安主编：《制度经济学研究（第3期)》，经济科学出版社2004年版。

64.[美]威廉·M·兰德斯、理查德·A·波斯纳：《私人执法》，顾卫红等译，载《制度经济学研究》2004年第1期。

65.韩佩宏：《论税收法定原则与税收成本》，载《地方财政研究》2005年第9期。

66.戴治勇：《执法经济学：一个文献综述》，载《管理世界》2008年第6期。

67.马骁、刘为民：《信息能力与我国财政执法》，载《财经科学》2011年第11期。

68.张康之：《论参与治理、社会自治与合作治理》，载《行政论坛》2008年第6期。

69.谭英俊：《公共事务合作治理模式：反思与探索》，载《贵州社会科学》2009年第3期。

70.罗利芳：《个税申报制度中私人执法机制的构建》，载《工会论坛》2009年第5期。

71.席晓娟：《税收执法与税收司法衔接的法律思考——以增强税收执法刚性为指导》，载《涉外税务》2006年第9期。

72.贾英姿：《关于税收执法权存在问题的制度分析》，载《财政研究》2003年第11期。

73.谢双进：《从执法者的素质视角探析税收执法风险规避》，载《税务研究》2007年第12期。

74.陈国英：《税收执法风险的成因与防范措施》，载《税务研究》2010年第9期。

75.董和平：《论完善我国执法监督机制》，载《人大研究》1996年第5期。

76.郭亚光：《当前我国税收执法风险分析》，载《税务研究》2008年第5期。

77.钱宝荣：《税收执法监督的国际比较与借鉴》，载《财经论丛》2006年第6期。

78.田敬文：《加拿大的税收执法监督及其启示》，载《涉外税务》2004年第7期。

79.李亚民：《欧洲六国税收执法监督的做法及启示》，载《河南税务》2003年第15期。

80.邓孟秋：《我国税收执法监督的现状》，载《经济研究参考》2009年第18期。

81.张炜：《关于如何建立税收执法内控机制问题的初探》，载《中国税务》2008年第11期。

82.孟凡平：《建立我国行政案例指导制度的构想》，载《人民司法》2006年第2期。

83.熊波：《税收执法责任制理论分析与现实选择》，载《求索》2005年第6期。

84.邵学峰等：《税收执法监督的博弈分析》，载《税务与经济》2005年第5期。

85.马利荣、张文军：《关于构建税收执法体系的新思考》，载《税收与企业》1999年第10期。

86.董文毅：《关于规范我国税收执法的若干思考》，载《管理世界》2004年第8期。

87.刘爱菊：《关于我国税收执法程序与司法程序衔接问题的思考》，载《广西民族学院学报（哲学社会科学版)》2006年第6期。

88.王岩、于祥伟：《揭开公司面纱制度在税收执法中的应用》，载《扬州大学税务学院学报》2009年第1期。

89.董妍、胡远：《论台湾判例制度及其对大陆地区的借鉴意义》，载《太原师范学院学报（社会科学版)》2009年第3期。

90.汪祥欣：《论反避税行为的税收执法缺陷》，载《湖南师范大学社会科学学报》2003年第1期。

91.万宗瓒：《法经济学视角下的"私人执法"》，载《前沿》2012年第1期。

92.吴元元：《公共执法中的私人力量》，载《法学》2013年第9期。

93.欧阳碧媛：《试论成文法的局限性及其解决途径》，载《湖南经济管理干部学院学报》2006年第5期。

94.袁明圣：《司法解释"立法化"现象探微》，载《法商研究》2003年第1期。

95.甘功仁：《我国税收立法现状评析》，载《税务研究》2003年第1期。

96.黄靖翔、岳树民：《我国税收立法技术现状与改进》，载《税务研究》2011年第6期。

97.高宇：《中国企业对避税港的直接投资动因分析》，载《国际经济合作》2010年第8期。

98.胡新建：《论避税港的认定及反运用避税港避税立法》，载《特区经济》2009年第10期。

（三）论文类

1.李健：《近代中国公司法律制度演化研究》，辽宁大学2020年博士论文。

2.金剑锋：《关联公司法律制度研究》，中国政法大学2005年博士论文。

3.赵文祥：《国际避税与反避税规则研究》，南京大学2015年博士论文。

4.王宗涛：《反避税法律规制研究》，武汉大学2013年博士论文。

5.谭伟：《中国企业避税治理问题研究》，厦门大学2009年博士学位论文。

6.阎尔宝：《行政法诚实信用原则研究》，中国政法大学2005年博士论文。

7.葛克昌：《租税规避之研究》，台湾大学法律研究所1978年硕士论文。

8.张念明：《形式法治下的实质课税主义》，山东科技大学2010年硕士学位论文。

9.杨省庭：《论公司法人格否认制度在税法领域的适用》，北京大学2008年硕士研究生学位论文。

10.黄忠兰：《公司人格否认制度的实质研究分析》，华东政法大学2011年硕士学位论文。

二、外文类

1.Mathew D.McCubbins and Thomas Schwartz, 1984, Congressional OversightOverlooked: Police Patrol and Fire Alarmed, American Journal of Political Science, Vol.28.

2.Brazer H E.The Report of the Royal Commission on Taxation].The Journal of Finance, 1967。

3.Anna Mae Walsh Burke, Qui Tam: Blowing the Whistle for Uncle Sam. 21 Nova L.Rev.869（1997）; Dennis J.Ventry, Jr, Whistleblowers and Qui Tam for Tax, 61 Tax Law.357, 359（2008）.

4.David A.Weisbach.Formalism in the Tax Law[J].The University of Chicago Law Review, 1999, 66: 876.

5.Brian J.Arnold.The Canadian General Anti- A-voidance Rule [G]// Graeme S.Cooper.Tax Avoidance and the Rule of Law.Amsterdam: IBFD Publications, 1997: 221-245.

6.Leif Mut é n.The Swedish Experiment with a General Anti-Avoidance Rule[G]// Graeme S.Cooper.Tax Avoid-ance and the Rule of Law.Amsterdam: IBFD Publications, 1997: 307-327.

7.Roy Rohatgi.Basic International Taxation[M].Gra-ham & Trotman LTD: Kluwer Law and Taxation Publishers, Martinus Nijhoff Publishers,: 356.

8.David P.Hariton.When and How Should the Eco-nomic Substance Doctrine Be Applied? [J].Tax Law Review, 2006, 59 (4): 53.

9.Michael L.Scheler.Ten More Truths about TaxShelters: The Problem, Possible Solutions, and a Reply to Pro-fessor Weisbach[J].Tax Law Review, 2002, (55): 334-340.

10.Jiambalvo.J.Mana gerial Accounting, .NewYork, NY: Wile, 2001.

11.Nearon Bruce H: Intangible assets.framing the debate, The CPA journal, January 2004, Vol.74 I.

12.Jane G.Gravelle.Tax havens: International tax avoidance and tax evasion, National Tax Journal, Volume 62, Issue 4, 2009.

13.OECD Committee on Fiscal Affairs, International Tax

Avoidance and Evasion, Four Related Studies, Issues in Inter-national Taxation Series, No.1, OECD, Paris, 1987, p.90.

14.Christopher M.Pietruszkiewicz, Economic Substance and the Standard of Review, 60 ALLR 339, 339 (2009)。

15.VietorThuronyi: ComParativeTaxLaw, KluwerLawInter-national, P.158.

16.JosePh Banknlan: The Eeonomie Substanee Doctrine, Southern California Law Review Vol, 74: 52000, P.11.

17.AbadanJasmonandDr.JnnaidM.Shaikh, ThinCaPitalization[J]. JoumalofInternational Taxation, 2003.4.

18.JohanBamard: FormerTax Havens PrePared to Lift Bank Seereey, BulletinforIntemationalFisealDoeumentation, 2003.1.

19.KetrieSadiq: The Fundamental Failing Of the Traditional Transfer Pricing Regime: APPlying the Arm's Length Standard to Multinational Banks Based on a ComParability Analysis, Bul-letin for International

20.Rolph, Brad and Niederhoffer, Jay: Transfer pricing and e-commerce, Internatinalview, Sep 99 Supplement E-Commerce 2002, Vol.10 Issue 8.